5天學會即思即說力

就算腦子一片空白也能說出花來

Hikita Yoshiaki 著
李瓊祺 譯

目錄 Contents

第五天　表達高手的晉升之路　159

〈前言〉

你擁有即思即說力嗎？

海倫．凱勒天生集盲、聾、啞三重障礙於一身。

在學習過程中，她的老師蘇利文先用水沖她的手，再用手語拼寫法寫下「水」。起初，她搞不清楚老師在做什麼，彷彿身在五里霧中。在老師鍥而不捨的努力下，海倫．凱勒終於察覺：「這該不會就是水吧？」每一種物品都有名稱，當海倫．凱勒明白此事，便在那天學會了三十個字。

據說，人從一歲到二歲，只能學會大約兩百個字詞。但到了五歲，就能記住五千至一萬個。

然而，沒有人是不努力就能增加語彙量的。那個東西叫什麼？這種感覺要用什麼字來表達？自己的想法要如何說才能讓別人明白？我們每個人都是經過不斷摸索，才逐漸學會各種詞彙。

一個人若不肯學習的話，就只能用「好可愛」「好讚」「好厲害」「給我那個」「難說」之類的簡單語句來表達。

如果平時只和不看書、嘴裡老是掛著「好讚」的同齡朋友交流，那你就不可能學會將自己的想法條理化，也無法得到向他人清楚表達的能力。

但我們從學校畢業、進入社會後，不得不和比自己大上一輪，甚至兩輪以上的對象一起工作。

我們會遇到各式各樣的情境，像是會議、商務洽談、簡報、評估報告、企畫書、談判、協商……這些時候最重要的，就是即思即說的能力。在社會上做事或發展事業的人，若無法具體說出自己的想法，就無法獲得肯定。

如果你還脫離不了學生時代的流行語文化，並且對自己的語彙能力不足、表達能力不足感到困擾，那麼這本書就是你而寫的。

別氣餒，這世上跟你一樣的人比比皆是；不，事實上，想不出精準詞彙、無法將思考條理化、不知道如何表達的人，反而占了多數。

因此，請跟著這本書一起習得這些能力吧！現在開始絕對來得及。

五天二十五種方法，學會精準有效表達

接下來，請容我自我介紹一下。

我在日本博報堂廣告公司任職至今，已有三十五年的資歷。

一直以來，我負責的是文案創意與廣告製作，近期還成了講稿代筆者，爲公司董事長和政治人物寫演講稿。

這些工作的共通點是，要爲某項商品、服務或主題擬定一份文稿，讓原本沒有興趣的人對其產生關注。此外，我也在外授課，對象從小學生到公務員都有，教導對每個世代而言都精簡又易懂的表達訣竅。

這次，我從過去的經驗中，**精心挑選出二十五種方法，這些方法曾經拯救了許多對說和寫沒自信的人。**

不僅如此，**這本書還設定了一個目標，就是讓讀者五天學會這些方法。**

換句話說，這本書將幫助讀者集中火力，學好懂得修辭、理出條理、講得清楚的方法。

話雖如此，短短五天要如何提高表達力，你恐怕很難想像吧？那我就具體介紹一下，這五天裡要如何循序漸進地學習。

第一天，喚醒懶惰大腦。

針對「詞彙力不足」「頭腦一片空白，無法立刻想出字彙」的人，介紹五種鍛鍊法。據說，人體中最懶惰的器官就是大腦。這裡會介紹各種物理性鍛鍊法，來幫助我們喚醒懶惰大腦，使其勤奮工作。

第二天，養成思考習慣。

日常生活中，我們常常不自覺地放空，這些時間可以用來進行思考鍛鍊。經常回顧自己的言行舉止，多問自己爲何這麼做、賦予意義，並建立假說。藉此，可增加平日生活中的思考機會。

第三天，培養深度的思維邏輯。

所謂邏輯，就是事物的道理。我們可以透過在腦中整理排列、從高處俯瞰全局，或擬人化的比喻，讓自己做更深一層的思考。這天我將介紹幫讀者達到這種深入思考的模組。

第四天，一開口就直達人心的修辭力。

這裡不僅要教各位如何說得簡單明瞭，還會介紹讓他人產生共鳴、付諸行動的技巧。我們說出的話，光讓對方聽懂是不夠的，還要讓對方感覺身歷其境，有種「這就是在講我啊」，並主動採取行動，這樣才稱得上是眞正的說清楚、講明白。這天將傳授讓你達成此目的的措辭和表達方式。

第五天，表達高手的晉升之路。

這裡將延續第四天的學習，接著談談可靠數據、眞實性論述等讓說話更添說服力的表達方式。不僅如此，我還會教你五個訣竅，讓你能和對方建立良好關係，讓對方覺得你值得信任、遇到你眞好。

透過這五天的鍛鍊，讓自己能即時在腦中浮現恰當的字句，將思考梳理清晰，並用確切的表達方式，使對方聽得清楚明白。如此一來，你就能變成一個於公於私都令人信賴、喜愛的人。

只要培養出即思即說的能力，就能讓人在工作上，乃至各式各樣的情境中，都能自信滿滿地表達，進而讓人生過得沒有遺憾。

本書以「山崎大」這位男子爲主角，他因爲無法即思即說而感到自卑。在他與任職於廣告公司的和田老師重逢後，故事將透過他們之間的電子郵件往返展開。因爲我個人職業的關係，故事中會出現許多與廣告相關的內容，但本書所教的各種方法並不限於廣告工作者，日常生活的各種情境皆能應用。

Hikita Yoshiaki

story1

踏上「即思即說力」養成之路的前夕

三年前，山崎大（阿大）畢業於 M 大農業系，在葛原食品公司的公關部門任職。葛原食品是一家知名企業，因此剛入公司之初，他志得意滿、一帆風順，走起路來颯颯生風。

然而，新人培訓結束後，他卻意外地被安排到了行銷公關處的公關部門。事實上，阿大從小不擅語文，因而選擇理科；因爲害怕在衆人面前發言，所以期待從事研究工作。然而，才剛來到公關部門的他，就立刻受到前輩們的震撼教育。

「山崎，你看看這兩個海報提案，是 A 好，還是 B 好呢？」

公關部門的設計師，邊說邊將兩張海報並排在桌上。

兩張都是冰淇淋的特寫畫面，但 A 海報沒湯匙，B 海報則插著一根湯匙。

阿大一邊想著「明明看起來都一樣」，一邊答道：「我個人覺得 B 比較好。」

語畢，設計師立刻問：「爲什麼？」

阿大自幼害怕被人提問，因爲多數時候他並沒有主見。就算眞有什麼話想說，也無法將自己的想法理出頭緒，明確說出口。

阿大好不容易才擠出一句：「大概是看起來比較討喜，似乎看起來比較好吃……」

設計師一聽，便用周圍都聽得見的音量說：「這樣是要怎麼工作！」說完，頭也不回地離開。

無法表達想法的自卑感

至今已經三年過去了，阿大雖然稍有進步，但無法表達個人想法的自卑感卻與日俱增。

新人培訓期間，只須跟在前輩後面做事，負責的工作也只有簡單的校正、聯絡和雜事。現在，不但要寫新聞稿，還要和媒體、廣告公司交涉，在公司的會議上需要發言的次數也增多了。換言之，自己思考、自己決定、自己執行的機會變得愈來愈多。主管、廠商和客戶，也經常會向他詢問意見和想法。阿大遇到這種情況，常常回答不出明確的結論，不是說得太多，就是說得太少。每天都有人對他說：「什麼？我聽不懂你的意思！」

「沒辦法，這裡不適合我。再不調到負責研發的部門，大概就只能換工作了。」一早起床，他常常想不顧一切地逃離這個工作。每天進公司，阿大都心情沉重，如喪考妣。

某天，剛在公司裡犯下重大失誤的他，正感到沮喪不已時，剛好收到M大的同學會邀請。

「不曉得大家過得如何？會不會有人跟我一樣，也考慮換工作？」他腦中浮現了這樣的想法。

他想起當年和同學們到農場抓起生玉米就啃的往事。

一股懷念之情湧上心頭，幾乎讓他流下淚來。於是，他回覆了出席的訊息。

救星出現

同學會在一間飯店舉辦。

在阿大眼中，大家似乎都在自己的崗位上發光發熱。他不禁感到只有自己一人如此落魄。

阿大無法融入同伴的話題，逐漸退居角落，在人群裡成了壁花。就在此時，有人拍了拍他的肩膀，是和田重信老師。阿大還記得這位老師。

大學就讀農學院的他，唯一修過一門關於「廣告」的課程，就是和田老師教的。

和田老師並非M大的教授。他是學校從廣告公司邀請來的特別講師，負責教授「廣告與語言」。這是所有系所都可以修的通識課程，阿大當時也選修了這門課。

「我記得你是農學院的同學吧？因爲會來修廣告課程的農學院學生很罕見，所以我還有印象。你的報告很有趣。」和田老師說。

「我叫山崎大，老師竟然還記得我，真是我的榮幸。我寫的報告很有趣嗎？可是我現在連篇文章都寫不出來。我明明是農學院畢業的，現在卻被分派到公關部門。」

接下來，阿大開始對老師大吐苦水，傾訴自己的各種煩惱。

例如，不管再怎麼用力思考，也無法將自己的想法整理成語言；面對別人突如其來的問題，腦筋就會變得一片空白；害怕自己一個人做決定；被別人說「聽不懂你在說啥」時，自我厭惡感就會油然而生……

阿大眼眶中的淚水不爭氣地滑落，按捺已久的情緒潰堤而出，而且還是在只修過一門課的老師面前。

坐而言，不如起而行

和田老師靜靜地看著阿大，等到阿大將心裡的委屈和喪氣話都說完一輪時，才抓準時機，開口說：「山崎大同學，其實在場的多數同學，都和你有一樣的困擾。因爲每年都有許多學生像你一樣，會來找我抱怨、吐苦水。他們說，出社會後才知道自己的語言能力一點都不管用，或無法將自己的感想、意見、判斷，轉換成語言……

「我有一個提議。其實我每年都會收一個我覺得最適合的學生，在一段期限內，建議對方如何加強語言能力。這當然不單純是出於善意。觀察時下的年輕人抱著什麼樣的煩惱，用什麼方法解決，對從事廣告的人來說，是非常有用的資訊。尤其像你這種理工科系出身，本來就不善使用文字、口語表達的學生，更是我要找的對象。

「你想試試看嗎？可以用電子郵件將你的煩惱寫給我，我再回信告訴你怎麼做。但你一定要實際執行我教你的方法。一旦你沒有實踐，我們的對話就會到此打住。坐而言，不如起而行，這是人生中非常重要的一項功課。

「只要五天就夠了。小孩只要好好練個五天，就能學會單槓的後翻上槓，就能學會騎腳踏車。再拚一點，甚至能從完全不會游泳，變成能一口氣游完二十五公尺。你想嘗試嗎？」

阿大與和田老師的故事，就此展開。

最能促使一個人成長的，正是人和人的因緣際會。這種因緣際會能磨練、改變一個人的語言，甚至讓人得到脫胎換骨的成長。

現在萬事俱備，故事即將啓程。

跟著山崎大一起踏上這段學習之旅吧。

主要登場人物

山崎大

出社會三年，任職於葛原食品公關部。對自己的溝通表達感到自卑，因為經常被主管、廠商及客戶反問「所以你想要表達的是什麼」，而逐漸失去自信。

和田老師

任職於廣告公司，同時也在大學教授「語言」相關課程。其建議總是一針見血，而深得學生支持，許多教過的學生遇到困擾時，都會來向老師求助。

出井總經理

葛原食品行銷公關處總經理。深懷培育部屬的責任感，對於同事的成長與變化觀察入微，是一名擅長設身處地體貼他人的主管。

阪田千紘

葛原食品公關部中深得信賴的主力戰將、阿大的主管。對工作追根究柢的態度，令眾人肅然起敬，但也讓人有些難以親近。

第一天

喚醒懶惰大腦

想不出恰當的字句表達，是因爲大腦已經怠惰成性。第一天將針對詞彙力不足、頭腦一片空白、無法立刻想出語句的人，介紹五種能活化大腦的基礎練習。

問題 1

收件者：和田老師

主　旨：

無法立即將想法輸出成語言

謝謝和田老師的主動邀請，這是我依約寫下的第一封信。

因爲我不擅長書寫，恐怕會有冒失之處，在此先向老師致歉，還請老師多多包涵。

老師，我每次被提問或想主動說些什麼時，腦中都無法浮現出適當的字句。我覺得自己貯存在腦中的詞彙量，原本就比別人少。就算我從現在開始培養閱讀習慣，大概也無法立刻讓詞彙量大增，我不知該從何改進。請問我該從何處開始，才有辦法將腦中的想法立刻轉換成語言？希望老師能從這最基礎的問題開始教我。

方法1 三十秒內，舉出十個名稱

阿大同學，早安。

詞彙量比他人少，我們稱之為「詞窮症」。那麼我們就做個小測驗：

「請在三十秒內，舉出十種圖形的名稱。」

我們就先從這個測驗做起。重點是一定要確實地開口說，不能只在腦中想，一定要發出聲音。現在就開始吧。

（過了三十秒）

測驗做得如何？你是理組出身，圖形的名稱對你來說或許很簡單。

你的回答可能有：正三角形、等腰三角形、直角三角形、正方形、長方形、平行四邊形、梯形、圓形、橢圓形、扇形。

相信你在回答時，應該卡住過幾次。即使這些小學就學過了，卻無法流暢地說出口。然而，每一個名稱又都是自己已經知道的。只是無法立刻浮現在腦中而已。說實在的，你絕對不是缺乏這些詞彙。

正如你剛剛無法流暢地說出圖形名稱，其實貯存在你腦中的語言，就像受潮的煙火般，只是無法立刻被點燃而已。

阿大同學，你或許以爲記憶的運作方式，就像是腦中擁有許多用來整理歸檔的抽屜。但事實並非如此。

字詞並非有條不紊地被整理歸檔起來的，而是當我們試圖想起「等腰三角形」的瞬間，就會如煙火綻開般在腦中浮現：「等腰三角形！」流暢地脫口說出話來，就像是煙火在夜空中升起，「碰！碰！碰！」地綻放出語彙。

那麼，要如何才能讓語言的煙火升起呢？

事實上，練習方式正是剛剛提到過的「三十秒內，舉出十種東西的名稱」。三十秒內舉出十種花的名稱、三十秒內舉出十個歐洲的都市名稱、三十秒內舉出十個暢銷小說家的名字，任何人事物都可以。反覆進行這項練習，讓自己的大腦在短時間內浮現各種人事物的名稱。

當你不斷練習時，原本受潮而無法點燃的語言煙火，就越來越能在腦中順利升空綻放。不騙你，這是眞的。

你不妨利用通勤或泡澡的時間勤加練習，而且要持之以恆。阿大同學，不瞞你說，如果想成爲小說家或學者，那當然又是另一回事，但工作上或日常生活中用得到的詞彙，其實都已經在你的腦中了。

之所以想不起來，是因爲你平常沒有開口說出來。在腦中飄來飄去的那些字詞，只會變成受潮的煙火，無法成爲你的語彙。

利用這個訓練法，促使大腦在短時間裡升起語彙的煙火，鍛鍊怠惰的大腦，一定能讓語彙回到你的腦中。

現在輪到你親身實踐囉。

point

只要將腦中浮現的名稱念出聲來，就能讓語彙的煙火在腦中升空綻放。

問題 2

收件者：和田老師

主　旨：

只會反覆說好讚、好厲害、好有趣

和田老師，謝謝您如此迅速地回信。在腦中升起語彙的煙火，這個比喻好有畫面。我依照您說的，練習在三十秒內舉出十個名稱。練習之後，我感覺大腦似乎真的振作了起來。

不過，老師，我仔細想了一想，我的問題不是只有腦中裝著受潮點不燃的語彙而已。我經常將很多固定詞彙掛在嘴邊，像是：好讚、好煩、說不上來，或是不錯、不怎樣等。我會用的詞彙明明很多，卻因懶得思考，而反覆使用著那幾個。我實在改不掉這個壞習慣，請問我該如何改進？

方法2

暫時拋開形容詞

前幾天，我在學生餐廳聽到三位女學生對話。她們在背後批評某個人，內容當然不是很有格調。總之，我聽到她們說：「那傢伙眞的很臭」「長得也很噁心」「糟透了」……之類的，三人還多次異口同聲地說：「眞討厭」。這樣的用字遣詞，實在教人聽不下去。

但這不是眞的問題所在。

臭、噁心、糟糕，這些全是形容詞，討厭也是形容詞，都可以列入同一類。讓我們釐清一下，所謂的形容詞是指用來修飾或補充資訊，讓名詞變得更加清楚明白的詞彙。

比方說，以橘子這個名詞來說，那麼好吃、酸、大、圓、重這些形容詞，都是可以做爲橘子補充資訊的詞彙，對吧？

換句話說，假設那三個女學生討厭的人是Ａ同學。那麼她們在做的，只是針對Ａ同學增添了「臭、噁心、糟糕」等負面資訊，以此為樂而已。

表面上三個人好像口若懸河講個不停，但實際上，只是因為Ａ同學是她們的共通敵人，那段對話才能成立。如果Ａ同學不存在的話，她們三人就會變得無話可說。

不用形容詞逃避問題，才能看見本質

你的頭腦其實跟那三位女學生沒有太大差別。

吃了東西就說「好吃」，討厭的人接近就說「真煩」，被指派工作就說「好麻煩」，這些都只是用形容詞描述自己的感想而已，你卻以為自己已經提出了什麼觀點。這種說話方式，充其量不過是以被動的姿態，對發生的事件產生反應而已。

接下來就要教你第二項練習方式。

吃了東西，別再用「好吃」當感想，「好讚」當然也不能用。

對吃橘子發表感想時，不是光說好吃就好，而是要去思考爲何好吃、怎麼個好吃法、吃了之後自己會產生什麼樣的心情……再將其化作語言。

換言之，不要說「橘子很好吃」，而要具體地思考，像是「柑橘類的香氣讓我心情放鬆」「因爲富含維生素C，吃了似乎比較不容易感冒」「因爲手指沾得黃黃的，讓我憶起吃了很多橘子的童年」等。

從今天開始，告別那個回答意見時，只會用好吃、漂亮、可愛等形容詞的大腦吧。

該如何想出形容詞以外的詞彙呢？訣竅有三：

1. **使用聽覺、味覺、視覺、嗅覺、觸覺等五官感覺來描述**。

比方說，你去電影院看了一部恐怖片。你可能想發表感想說「眞有趣」或「眞讚」，但這時要忍住不說，改用自己的身體感覺來描述，像是「皮膚上爬滿雞皮疙瘩」「頭髮都要豎起來了」「嚇到差點尿褲子」。

2. **用自己以外的人的狀態來描述**。例如：我女友在旁邊一直捂著眼睛。

3. **思索自己的體驗或回憶**。例如：在我看過的所有電影中，恐怖程度可以排進前三名。

反覆做這項練習，就能自然而然養成思考習慣。最重要的是，這麼一來你就絕不會再用形容詞作答了。現在輪到你親身實踐囉。

point

透過自己的五官感覺、別人的狀態、往事或回憶來描述。

問題
3

收件者：和田老師

主　旨：

雖然腦中有單字（點）浮現，卻無法串成句子（線）……

和田老師，謝謝你的建議。

無論是三十天內舉出十個名稱，還是描述時不使用形容詞，兩項建議都讓我看得心服口服，我也立刻就開始練習了，但還是無法改善我的問題。

我腦中的確會浮現「等腰三角形」「維生素C」等詞彙，但浮現的也只有詞彙而已。腦海中僅有詞彙閃現，無法將詞彙串聯成句子。

請問老師，有沒有什麼訣竅，能讓腦中浮現的不只是詞彙，還能浮現出流暢的句子？

方法3 實況報導車窗外的風景

原來如此，你現在遇到的問題是已有詞彙，卻無法串聯成句子。

這是一個很棒的覺察，表示你現在腦中已能浮現一定程度的詞彙，但也來到了下一個關卡。

從詞彙進步到句子，這個順序和嬰兒的語言發展過程一樣。因此不必著急，你正在循序漸進地朝著目標進步，最終你將能辯才無礙。那麼，接下來就是要學會如何將點（詞彙）連接成線（句子）。

讓我先來說一個關於奧運的故事：一九六四年的奧運在東京舉行，翻出當年的影片，你會看到開幕典禮中，各國運動員隊伍是在萬里無雲的晴空下進場。但事實上，直到前一天爲止，東京都還下著風雨。日本全國上下都對這一天的天氣擔心不已。正因如此，前NHK播報員北出清五郎，才會在當天對著麥克風說：

「今天是個秋高氣爽的日子，彷彿大家把世界各地的晴空都帶到東京來了。這是個好兆頭，接下來的國立競技場一定精采可期。」

很打動人心吧？沒有比這更棒的實況報導了。

看到情景後，要如何將情景轉化成語言？

只要有心，我們身邊信手拈來都是學習範本，例如：世界盃足球賽、NBA職業籃球賽、職棒大聯盟、奧運等。

阿大同學，你不妨趁著觀看體育賽事時，留心聆聽播報員是如何實況轉播的。他們真的能將眼前的景象和狀況，忠實地化成語言。一定可以帶來很多啓發喔。

試著對一切事物做實況報導

你也許會想說：「看那些實況報導，層次太高，根本就幫不上自己的忙。」

這樣說也沒錯。

但學習時有個範本不是很好嗎？我建議你一開始不妨照著我下面說的方式做起。

搭公車時，看著窗外風景，模仿播報員的方式，在腦中進行實況報導。

「現在是黃昏。這裡可以看見屋頂，很多的屋頂，多數是褐色的。」

光是這樣就夠了。

因爲這樣就已構成你所不擅長的「句子」了。

從詞彙進步到句子的訣竅，就是要自己對狀況進行實況報導。

接著，你可以更進一步，試著對你們公司製作的海報進行實況報導。

這時，你就能說出：「冰淇淋閃閃發亮。湯匙有一半插在裡面。可以看見偶像藝人的笑容。」

光是能說出這些話，就表示你對海報的理解力，已經遠比呆呆盯著海報看，躍進了一大步。

如果有 A 海報和 B 海報，就試著對兩者都做一次實況報導。這麼一來，

兩張海報的差別，自然會在你的實況報導中凸顯出來。

發現差異後，即使面對突如其來的詢問，你也能做出簡單的回答，像是「以湯匙插入的方式來看，A海報比較好。」

先做到這個程度就夠了。因爲過去的你只能籠統地回答：「我個人好像比較喜歡A海報。」比起當時，這已稱得上是長足的進步。

現在輪到你親身實踐囉。

point

將眼前看到的景象化作句子說出來。

作者解說① 大腦要多鍛鍊才有力量

我以作者的角度在這裡解說一下，截至目前，和田老師已經教了山崎大三項練習：

1 三十秒內舉出十個名稱。

2 用形容詞以外的詞彙來描述。

3 對眼前景象做實況報導。

第一天才開始，就給出了這麼扎實的分量。看到接踵而來的「現在輪你親身實踐囉」，你是否也覺得根本不可能達成？你是否光看到這麼多分量，就覺得自己一樣也學不好？但我能夠理解和田老師的心情，因為我也曾經買過許多方法實踐類書籍，結果卻什麼也沒學會。

一般來說，方法實踐類書籍是根據作者的經驗寫成，書中方法對作者本人而言，想必是大有助益。然而，作者的方法不見得人人適用。讀者看了，多半只是認為自己吸收到了有用的知識，卻鮮少有人真正付諸實行。

和田老師無法滿足於那種只能短暫消暑解渴的教學方式。

第一天的目標，是透過基礎訓練，幫助阿大的「詞窮腦」找回詞彙。這就像是大腦的肌力訓練。可以想像成讓大腦回到準備高中、大學升學考試時的狀態，使其變得結實而有力。

和田老師正在試圖讓阿大的大腦，回復到讀書、準備考試時期的敏銳度。因此才會接二連三地提出各種訓練清單。

你要從哪一項練習開始做起都很好。

搭乘公車時，試著做窗外景物的實況報導；與人對話時，禁用形容詞；空閒時，練習三十秒內十個名稱。你可根據時間、地點、場合，選擇適當的練習，千萬別鬆懈怠惰。透過列舉名稱、描述、實況報導，來鍛鍊大腦，讓它變得結實有力。

能將你打造成表達健將的訓練清單才剛剛上路，讓我們繼續前進吧。

問題
4

收件者：和田老師

主　旨：

回到最根本的問題，我的語彙量還是太少了

和田老師，對不起，百忙之中再三打擾，請讓我再緊接著寫信給您。

我從早上開始，一有時間就會反覆練習「三十秒內十個名稱」「禁用形容詞」和「實況報導」。但我越練習越覺得，自己腦中儲存的詞彙似乎少得可憐。

畢竟我是理科出身，和文科出身的老師不一樣，我的基本字彙量就偏少。本來就沒學過的詞彙，再怎麼想也想不出來。

因此我想請教老師，有沒有什麼學習新詞的訣竅，或者增強記憶力的方法？

方法4 對著鏡中的自己練習剛學到的新詞

原來如此，「沒學過就想不出來」，你說的有道理。別擔心，說話天分你是有的。再接再厲、向前邁進吧。

所以，這次你要詢問的是，關於增強記憶力的方法。那麼，你先準備一面可以擺在電腦旁的鏡子。

最糟糕的記誦方式，就是閉著眼睛坐在位子上，嘴裡念念有詞地默背。這樣你只是在對自己的內心說話而已。當你試著教導別人時，你的記憶能力才會眞正得以發揮。

所以，鏡子就派上用場了。在電腦旁邊放一面可以照出你臉部表情的鏡子。向鏡中的自己，教導你剛剛學過的東西，同時加上手勢和動作，雖然這樣的舉動，在旁人眼中可能有點奇怪，但請不要害羞。

一開始可能會有點羞於啓齒，但這個方法相當有效。這是我從一位學生那聽來的方法，據說此法在某間著名的女校廣爲流傳。你不妨也嘗試看看。

學習新知時，就用全身上下去記憶。**把自己當成是站在講臺上的老師，提高聲量，動作放大地進行演說，遇到重點處就特別叮嚀：「這裡很重要！」不要用死背的態度，而是要用教導的心情去記憶，**這點是關鍵。

養成記誦習慣

舉例來說，天干地支你會背嗎？十二星座你能依序背出來嗎？《琵琶行》你會背嗎？你能寫出多少個魚字旁的字？

我不是在威脅你一定要把這些記熟。現在不曉得、不會寫，也沒關係。但**希望從今天起，不管記什麼都好，但一定要一天記一項。重點在於向大腦傳遞出不可以偷懶，今天也要記誦的信號。**

我實際感到自己的作文能力有進步，是在我開始要求自己記誦文學名著的開場白之後。

每天記誦一句，「記憶腦」就會越來越勤奮工作，所以要養成記誦的習慣。最後再補充一項關於眼睛的運動。**前面提過，記誦時不可閉著眼睛。除此之外，一直盯著同一點看也不好。最好是一邊記憶，一邊吸收大量的視覺資訊，也就是要讓眼睛左右或上下移動。**

透過視覺資訊記誦的方式，還可以再加以延伸——把要記熟的東西寫在便利貼上，並黏貼於家中各個角落。

例如，貼在冰箱上，貼在廁所門上，就能將資訊和周圍的景象一起記在腦中。增強記憶力的方法五花八門、不勝枚舉，你也可以開發出自己的記誦方式。

首先，從放一面鏡子在桌上開始做起。現在輪到你親身實踐囉。

point

記誦的訣竅在於，放大手勢和動作，一邊講述一邊強調重點。

問題 5

收件者：和田老師

主　旨：

如何有效記住需要記憶的東西？

關於記憶的訣竅，眞是讓我上了一課。仔細想想，考完大學入學考後，我就沒認眞背過什麼東西了。因爲現在只要智慧型手機在手，什麼都查得到，幾乎沒有熟記任何東西的必要。但我會努力練習的。

不過，老師，我還有一個問題。即使把文學背得滾瓜爛熟，也沒辦法立刻對會議或平日交談產生幫助。我們之所以會去記憶事物，往往就是爲了要有效記住重點，以運用在工作上。

老師，請問您能不能教我一個實用、有效率又輕鬆（笑）的記憶方式？

方法5 有得必有失，留下三點，其餘捨棄

原來如此，確實如你所說，光提高記憶力，大概只會讓你變成一個擅長記憶的人而已。那麼，就讓我來教你一個實用、有效率又輕鬆（笑）的熟記方式。

這是一個用來讓小學生大幅提升成績的方法，十分簡單，做法如下：

下課後，立刻背下三個今天學到的內容。

在學習結束後，立刻抓出三項重點。單單這麼做，就能讓剛剛學過的東西牢牢地留在腦中。經過一次又一次的累積，最後就能讓成績逐漸提升。

相同的做法也可以運用在工作上。

會議結束後，立刻思考歸納出三個會議中討論過的內容。如果有做出結論的話，那就將結論歸納成三點。若只有一、兩點，則很難涵蓋整場會議，所以最好歸納成三點。但若超過三點的話，就會記不住。在筆記本上，快速寫下你

所歸納出的三點。

將會議內容濃縮成三點，牢牢記住。這麼一來，你就能在下次會議時，主動提起上次會議討論了哪三項重點。很實用吧？

記住他人發言的三要點

這個方法也可以有效運用在傾聽他人發言的時候。會議中，輪到別人發言時，就算你拚命做筆記，之後也幾乎不會再翻出來看。

做法是一邊思考，這個人想要表達的大意是什麼，一邊將其發言歸納成三項重點。

當你可以向對方發問時，或有機會和對方對談時，不妨試著用你歸納出的三項重點來對話。

對方會覺得他說的話，你真的有認真在聽，而深受感動。

遇到簡報或演講等場合，只須大略聽懂內容時，請試著努力將內容歸納成三項重點。這樣一定能讓你學會如何記下實用又有幫助的內容。

重點在於如何歸納挑選出三點的方法。這個熟記三項重點的做法，是我學生時代愛用的絕招。

關於挑選三點的要訣，首先是老師說**「這裡很重要」的地方，這裡我絕對會記下起來。再者，「換言之」「結論就是」「我想說的是」等歸納自身意見的詞彙後，隨之而來的內容**。聽到這些關鍵詞時，就要趕快做筆記。

此外，課堂或會議中，說話者多次提到的短句；或者，發言者提高音量的字句、引發爭論的說詞，也是要留意的地方。你不妨將這些詞彙記在筆記本上。

比方說，你參加了一場決定倉庫要搬遷至何處的會議。

會議中分成兩派意見，一派主張搬到近海的小鎮，另一派主張搬到大衆運輸方便的城市，雙方僵持不下。

支持小鎮的人說：「我們的意見是，應該以距海較近者爲優先！」支持城市的人說：「對員工而言，交通便利性比較重要！」

遇到這樣的爭辯時，只要記下三個議題核心的關鍵詞——「搬遷地點」「海」

「員工通勤」。剛開始不用要求太多，只要記住關鍵字即可。

結束後，立刻將這三個關鍵字，整理成一篇短文：「上一次會議討論的是倉庫的搬遷地點。主張搬到小鎮的人提到，可善用該地在海路上的優勢。主張搬到城市的人則認爲，應該考量員工通勤的便利性。」

只寫下關鍵字的話，之後有可能會忘記內容；立刻寫成短文，是幫助記憶的竅門。

現在輪到你親身實踐囉。

point

挑選出三個關鍵字，立刻寫成短文。

作者解說② 面對心儀事物，大腦表現最佳

第一天的練習，到此告一個段落。

阿大已向和田老師學到三種喚起詞彙記憶的技巧：三十秒內舉出十個名稱、用形容詞以外的詞語描述、對眼前景象做實況報導，以及兩種記住語彙的方法：用教導的方式記憶、濃縮精簡成三個關鍵字。想要在阿大自認空空如也、缺乏語彙的腦袋中灌入語彙，方法有二：一是要在久久不用而遺忘之前，喚起記憶；二是熟記新的語彙。

今天，和田老師花了一整天，反覆以喚起記憶、熟背牢記、喚起記憶、熟背牢記、喚起記憶、熟背牢記……不斷刺激阿大的腦袋。

大腦是非常懶惰的器官，總是想著如何混水摸魚。

以圖形為例，如果只用圓形、三角形、四邊形等粗略的名稱指稱所有形狀的話，「直角三角形」「平行四邊形」等的詞彙自然會被束之高閣、遭人遺忘。

大腦也會極力避免記憶事物，可以的話，連人名都不想記。因此，我們要有意識地說出名稱，努力將這些名稱掛在嘴邊，以向我們的大腦傳遞出非記住這個名稱不可的訊號。

即使是這麼懶惰的大腦，仍有勤奮工作的時候。例如，對於心儀對象的名字、住址、生日等資訊，你不需要特別去背，也會自然而然地記住。換言之，如果面對的是有興趣的事物、好奇的事物時，大腦就會發揮它的最佳表現。

對於今天和田先生所教的內容，你若實踐得心不甘情不願的話，則無法讓懶惰的大腦開工。你必須從早到晚一次又一次地練習這些方法，強行喚醒打混摸魚的大腦，讓你腦中滿載著各式各樣的詞彙。

親愛的讀者，別氣餒，提起興趣，繼續讀下去吧。請在本書介紹的多種練習中，找到適合自己的方法實踐，只做一、兩項也無妨。

第二天

養成思考的習慣

人一旦養成了思考的習慣，就能讓原本雜亂無章的腦袋，變得條理分明。

建議你可以善用「換位思考、多問爲什麼、設限、建立假說、單人腦力激盪」這五項練習，擺脫「語焉不詳」的自己。

問題 6

收件者：和田老師

主　旨：

如何擺脫自以為是的思考？

老師好，今天是第二天，還請您多多指教。

說來慚愧，我似乎沒有思考的習慣；當然不是完全沒在思考，平時我會推論出自認爲正確的答案，或是解決之道。每當我說出這些想法時，別人經常會說「那只是你自己這麼以爲吧」「你的想法眞狹隘」等。請問我該如何培養出更大視野的思考習慣？

方法6
養成換個腦袋思考的習慣

思考確實不簡單，再怎麼努力思考，只要想法受限於自己的生長環境、知識、人文教養，就會被人看成是你自以爲是、先入爲主、或一廂情願的想法。

今天來簡單教你幾項培養思考習慣的方法，作爲進入邏輯性深刻思考之前的預備階段。

第一個要教你的是，換個腦袋思考。這項練習，可以讓你跳脫一廂情願的思考方式。讓我透過以下的故事，告訴你該如何做。

我剛踏入廣告業時，有一次我們正在準備一場比稿的簡報，文案創意、廣告企畫專員都絞盡腦汁尋找靈感。當時負責的創意總監說了一句：**「如果不是我，而是其他創意總監的話，不知道會有什麼想法？」**

這彷彿是一句為了緩解緊張氣氛而拋出的閒聊問題，卻因此讓大家開始用他人的腦袋思考。

「O總監常說：『一個東西只要是內部員工買單，消費者就會買單。』或許應該思考怎樣的廣告，能讓比稿公司的人一看就想買。」

「K總監老是說：『廣告就是要簡單明瞭。』目前大家提出的構想，可能都有點難懂。」

「這麼一說，我記得M總監講過：『一個好的廣告標語最好不要附上圖片。』那句廣告標語用的圖片，好像喧賓奪主了。」

大家此起彼落地提出各式各樣的想法，最後我們也贏了那場比稿。

換用他人腦袋思考，增加不同觀點，開拓視野

只用自己的腦袋思考，就會受限於自己的知識、經驗、喜好，而有意無意地以一廂情願的方式思考。

「換用他人腦袋思考」的目的，是要藉由自身以外的觀點，讓自己能用更多角度看待事物。

比方說，假如今天你被指派擔任尾牙的籌備人，而且你喜歡保齡球，但討厭唱KTV，所以你決定將尾牙設計成一場保齡球大賽。那你覺得所有參加者都會感到開心嗎？

如果用總經理的腦袋思考的話，你或許會判斷：「要比賽保齡球，就必須等到全員到齊才能開始，在執行上有困難。」

如果是女性員工的話，或許會感到「比較分數高低的競賽一點都不好玩」。

像這樣，換用他人腦袋思考，就能找出讓大家都玩得盡興的尾牙活動。

據說，一個優秀的業務員「能看到對方的下下一步」。也就是說，別只想到說服眼前的客戶，而要考慮到自己的說話方式，能不能幫助對方在向上司說明時也說得簡單明瞭。

這絕對是用客戶的腦袋思考，所延伸出的絕招。

藉由「換用他人腦袋思考」開拓視野，讓自己擁有更多不同的觀點。這項技巧十分萬用，不局限在商業領域。現在輪到你親身實踐囉。

point

透過思考「若是某某人的話，可能怎麼想」，以開拓自己的視野。

問題 7

收件者：和田老師

主　旨：

別人一問為何這麼做，我就會不知所措……

和田老師，謝謝您的指教。原來要換個腦袋思考，眞是醍醐灌頂。

可是，今天又發生了一件讓我大受打擊的事。當時，我在客戶的店面幫忙陳列我們公司的調味料。

客戶看到我的陳列方式，問我：「你爲何要這樣排列？」我只回答：「因爲我覺得這樣陳列比較好。」接著，就說不出其他答案了，結果對方面露不滿。

如果我無法清楚說明自己的行動是基於怎樣的思考，就會失去對方的信賴。面對爲何這麼做的提問時，我希望自己能好好說出答案。

方法7 再微不足道的舉動，都要找出背後理由

阿大同學，你之所以回答不出為何如此，其實有一個很單純的理由。那就是你平常沒有讓大腦養成習慣，凡事都思考為何這麼做。

讓我問你一個問題——今天午餐你打算吃什麼？

假設你在公司附近，走進了一間拉麵店。這時，你可能會想：雖然要排一下隊，但還是這裡的拉麵好吃。

然而，光這樣想是不夠的，你要試著問自己：「我為何想吃拉麵？」並且開口說出你的答案。

「因為氣溫驟降，想吃點熱呼呼的東西。」「因為前陣子的健康檢查報告出爐，結果都很良好，所以今天想大啖碳水化合物，小小放縱一下。」「早上看到電視播出拉麵店特輯。」只要好好思考，腦中就會浮現出不只一個理由。

盡量思考，找到越多理由越好，並且開口說出聲，就算喃喃自語也沒關係。

阿大同學，你知道嗎？**行動的源頭，就是我們的大腦。你的一舉一動都是來自大腦的指令。**

所以我們得去思考，自己正在做的事，是來自於大腦的哪種指令。這就是控制自己的最佳捷徑。

就拿你今天遇到的狀況來說，在陳列商品時，你一定是一邊做一邊思考：這樣顧客比較好拿、不要小朋友一撞就滾落滿地、要讓顧客從遠遠的那個角落就能看見……這就是「行動的源頭」。

今後在執行工作時，請試著一邊做一邊將腦中飄飄忽忽的念頭說出來，例如「要讓商品好拿取」「要讓商品不會滾落滿地」。

一邊行動一邊複誦大腦下達的指令，這麼一來，你就能養成思考並即刻說出前因後果的習慣。

反覆進行這項練習，大腦就會產生蛻變，讓你能闡述行動背後的理由。

你還年輕，相信未來會常常遇到類似的狀況，甚至被斥責：「你為何這樣搞！」希望你能養成習慣，一邊行動一邊說出爲何如此做，屆時才有能力回答得從容不迫。

以第三人稱爲主詞來思考

在思考自己的行動時，還有一個訣竅，就是**把主詞從第一人稱改成第三人稱**。這樣就能跳脫主觀角度，和自己的行動保持一段距離，產生客觀性，藉此鍛鍊思考力。

在第一天，我們做過實況報導的練習，這次的練習像是應用版，只要試著將自己的每個行動都用第三人稱描述即可。

「他判斷許多顧客是帶著小朋友前來超市，因而決定要在陳列調味料塔的最底層，多放幾罐調味料，才不會被小朋友一撞就滾落滿地。他發現，從生鮮肉品區朝這邊看，無論如何都會產生視覺上的死角，所以決定貼出一張朝向生鮮肉品區的海報。」

像這樣**隨時替自己實況報導，就不怕突然被問到時，無法確實明白、冷靜沉著地回答了。利用第三人稱與自己的行動保持距離，能提升客觀性，進而使你的語言更具說服力。**

開口說，用第三人稱描述出自己的行動。現在輪到你親身實踐囉。

point

多練習開口描述自己的心境，會使自己有能力說明前因後果。

問題
8

收件者：和田老師

主　旨：

常常說著說著，連自己都不知道自己想表達什麼

今天的午餐，因爲老師的誘導，所以我吃了拉麵（笑）。

吃飯時，一位同事對我說：「你不是不善言詞，你是話太多了。聽你講著講著，會搞不清楚你到底想說什麼。我看你自己也不知道吧？」我確實是話匣子一打開，就停不下來。

明明不善言詞，結果還太多廢話。說著說著，話題越跑越遠，最後收不回來。請問老師，有沒有什麼方法能讓我簡短有條理、只說必要的資訊？

方法 8

設下條件、釐清重點後，在腦中加以整理

我許多學生都像你一樣，原本看起來沉默寡言，某天突然滔滔不絕地講起話來。可能是想一次把所有的事情講完，話題東跳西跳，最後收不回來，這也是不善言詞的症狀之一。

你可以試著想像以下的畫面。

放在架子上的三組拼圖，分別是清水寺、自由女神像和蒙娜麗莎的圖案。你一不小心撞翻這三組拼圖，零片散落一地，無從收拾。此時，你會如何將這些拼圖零片分類？

辦法很簡單，可以先從收集蒙娜麗莎的拼圖片做起，區分出哪些是你要收集的，哪些是你不要收集的。也就是設下「鎖定蒙娜麗莎」的限制。完成後，接著收集自由女神，最後再收集清水寺，依序整理下去。

如果是一片一片拿起來辨認，而不設下限制的話，你就會遇到分不清哪個是哪個的狀況，而在猶豫中浪費掉大筆時間，甚至難以脫離混亂狀態。

事實上，尋找拼圖零片時不設下限制的做法，正如同你的敘述方式。冗長而漫無邊際地一下說這個、一下說那個，最後連自己都搞不清楚自己到底在說什麼。

再讓我舉一個例子。

當你想送女友生日禮物時，如果只是在網路上漫無目標地瀏覽，或在街上遊盪閒逛，恐怕很難找到你要的東西。

但若設下限制，例如：女友喜歡的品牌、能夠長期使用的東西、三千元以內等，你就能找到合適的禮物。

許多品味出眾的人，都是懂得設定限制條件的人。

在KTV裡唱歌時，也可以透過「鎖定春天歌曲」「鎖定失戀歌曲」「鎖定卡通歌曲」等條件來點歌。

與人交談時，**你可以試著用同樣的方式設下限制，告訴自己現在只談這件**

事。

「關於此事，請讓我來說明一下用戶的意見。」

「關於宴會場地的挑選，請讓我來說明一下，若以一人一千五百元的金額爲限，可以租借到哪些場地。」

「妳說這些，主要是想問昨晚我在哪裡，對不對？」

用這類說法，釐清重點，不討論其他節外生枝的事。如此一來，就沒有必要喋喋不休地說個不停了。

一個主張＋三個理由

除了設下限制外，再介紹一個幫助我們說話更精簡的方式：

「一個主張＋三個理由」原則，這是讓你簡短有邏輯地向人闡述的秘訣。

找出三個理由的方法很多，但主要可以分成：趨勢、特質、買到賺到感三種。

例如：「我提議導入A公司的手機應用程式。理由是，我們有許多用戶都開始使用此應用程式了（**趨勢**）；好操作，任何人都能簡單上手（**特性**）；裡面已存有資料供我們使用（**買到賺到感**）。」

選擇送女友圍巾時，也可以用相同方式來思考，例如：「顏色是紅色的。這是今年的幸運色（**趨勢**）；跟她暖色系的外套很搭（**特性**）；是義大利製但又很便宜（**買到賺到感**）」。

對冗雜紛亂的想法設下條件，鎖定出一項主張後，搭配三個理由闡述。這樣能讓你的想法有條有理。現在輪到你親身實踐囉。

point

說話簡單明瞭的人，懂得設下限制條件。

作者解說③ 讓自己的思考不再僵化

和田老師在第一天教了喚醒詞彙記憶的練習，今天則進一步教導思考的練習。第一天主要是大腦的肌力訓練，第二天則是開始討論大腦的重大功能——思考——的方法。

出社會前，學校教育告訴我們要用自己的腦袋思考、要發揮個人風格、要展現自我……然而，和田老師卻有著不同的見解。首先，他提議換用他人腦袋思考。對我們來說，最難理解的人是自己，自己的思緒，不會輕易浮出水面。既然如此，就先假想自己若是身邊那些值得信賴的人，將會如何思考。當我們依循著他人的思維方式思考，會從中逐漸看清自己是如何進行思考的。

要讓這項練習更有成效，你必須在遇到令自己佩服、令自己感到有趣的人時，記住他們的思維方式。

接著，老師告訴阿大，要養成習慣以第三人稱為主詞，說明自己行動的前因後果。

從用他人的腦袋思考，到用自己的腦袋思考的過渡階段，是透過用他／她來描述自己的行動，訓練客觀覺察的能力。以自己為主體的思維，往往會帶著情緒上的起伏，或受限於僵化的思想，所以要用第三人稱的訓練來避免。

對思考設下限制，是針對能講但不善理清思緒的人，提出的一帖藥方。設下限制條件，不符合條件的通通捨棄。先決定好自己要提出哪一項主張，接著，只要與此項主張無關，就不必多言。最後，歸結出敘述上的一項重要原則──一個主張＋三個理由。

根據和田老師的教導，我們學到的是，如果你對用自己的思考沒自信，那就先養成：換用他人腦袋思考、客觀覺察自己、為思考設下條件限制的習慣。

阿大究竟能實踐到什麼程度呢？希望他不會因為遇到挫折而灰心，就讓我們一邊為他加油打氣，一邊讀下去吧。

問題 9

收件者：和田老師

主　旨：

被人批評說話沒有原創性，如何改善？

老師，謝謝您的指教。我的確是一被質疑，就會緊張多話，不經大腦地自說自話，腦袋卻沒在思考。我以後會多多注意，要設下限制、鎖定一件事進行闡述。

我還有一個問題想請教老師。剛剛我的同事對我說：「歸根究柢，你說的話只是在現學現賣別人的意見，沒有自己的原創性。」他說的一點都沒錯，我覺得好不甘心。

老師，我希望自己能積極提出嶄新的觀點，該從哪裡開始著手？

方法 9
建立假說來思考

阿大同學，年輕時，我也曾因被批評被動、沒有原創性，感到十分困擾。當我向前輩坦白說出我的煩惱時，前輩告訴我，那是因爲我的意見裡沒有假說。

「看到冰淇淋時，如果你只會說：『這個冰淇淋又白又冰又好吃。』

「這樣不行，你必須闡述自己的假說。這並不困難，只要在最後加上一句策略連結，就能逐步把假說建立起來，這正是原創性的來源。」

例如：把冰淇淋想成是一種度假、把冰淇淋想成是一種國民美食、把冰淇淋想成是一種節能省電、把冰淇淋想成是一部電影、把冰淇淋想成是生命、把冰淇淋想成是一種求婚、把冰淇淋想成是一種祝福……我想到什麼就寫下來，最後一共提出了約三十種說法。

於是，我逐漸培養出用建立假說來思考的能力，我寫出的不再是「這個冰淇淋又白又冰又好吃」之類的句子，和過去大不相同。

我逐漸掌握訣竅，知道如何說出不同於他人的意見。

打造策略腦

那位前輩說，**「又白又好吃」的說法，像是語言的素描，只是把表面看到的景象，如畫圖般描繪出來而已。**

相對地，他提出**語言的策略化，讓冰淇淋跟不同以往的人事物連結起來，藉此不斷產生出新的假說。**

你也不妨在日常會話中，使用策略連結的說法，讓自己養成思考的習慣。

比方說，約女友共進晚餐時，不是去思考吃日本料理或烤肉，而是應該思索、提出假說，例如：想成是利用晚餐獲得能量、想成是利用晚餐慰藉心靈、想成是利用晚餐享受異國氛圍、想成是利用晚餐回到學生時代……這麼一來，目標就很明確了。

所謂目標，是指切入點，也可以說是理念。

只要讓這句「想成是○○」變成口頭禪，就能打造出一個懂得運用策略的策略腦。

讓我舉一個成功的案例。

我認識一個經營地方飯店的朋友，飯店雖然頗有名氣，但後來只剩當地的年長者去那裡泡溫泉。

於是，社長向同仁呼籲：「**把我們飯店想成是迪士尼樂園或環球影城般的遊樂園吧！**」

此話一出，溫泉區立刻鋪上了小孩子奔跑也不會跌倒的地板，客房裡馬上出現了可以容納一家好幾口一起睡的床鋪，他們甚至還建造了纜車，將位於半山腰的游泳池和山頂的旅館連結起來。同仁自行製作各種景點印章供遊客收集，於是那裡搖身一變，成了有小小孩的家庭爭相前來的飯店。

地方上的老飯店有其地位與歷史，一旦整體形象改變，也有可能讓過去的老顧客逐漸流失。

然而，他們卻靠著「想成是迪士尼樂園或環球影城」的假說，將那裡變成一個「能和孫子一起遊玩的場所」而大受好評，不但開發了新客源，也保住了過去最大宗的老人顧客。

用「想成是○○」建立假說，任何人都做得到。阿大同學，現在輪到你親身實踐囉。

point

利用語言的策略連結，創造出屬於自己的切入點。

問題 10

收件者：和田老師

主　旨：

明明努力思考，卻想不出點子

老師，今天傍晚我們有一場會議。當我們討論到新產品的調味料時，我便提出「想成是可攜式的調味料」。一說完，大家就開始你一言我一語，朝這個方向聯想，像是能不能製作成帶便當也可以用、要不要做成小瓶裝的試試看……這都要歸功於老師的教導。

過去，即使我提出了企畫，也總是被挑剔說：「你的想法就這樣嗎？」或「再多想一些點子吧！」

我希望能趁勝追擊，讓自己能夠提出更多新發想、新構思。請問我該怎樣做才能提升？

方法10 單人腦力激盪，讓腦中颳起風暴

我想你在大學或公司裡，應該曾聽過「腦力激盪」這個集思廣益法，正如其原文名稱「Brainstorming」，這是一種「讓腦中颳起風暴」的方法。

一般來說，是由兩人以上進行，針對議題互相提出創意構思。

進行腦力激盪時，要遵守四項規則：①嚴禁批判，②自由發想，③量重於質，④結合改善。相信這些你都已聽過。

事實上，當我們在思考時，其實就是在獨自進行腦力激盪。

不批評、跳脫常理常規或先決條件，並重視數量。具體做法是，用智慧手機搜尋，看到好的資訊就記下來，不要有任何否定的思想，把有的盡量寫下來。

你要先養成這樣的習慣。

不一定要都是自己想出來的

都說想越多越好，但到底要想出多少才夠？以前，我們廣告公司常說：「一人一天想一百項提案。」不停地思考再思考，一直思考到邏輯、脈絡都消失，也把自己逼到極限時，就可能突然靈光乍現，我們稱爲「創造力躍進」。

但你並不是專業的文案創意，沒有必要這樣強迫自己。依我個人經驗，標準可以設爲——

三十三項。**雖然稱之爲「提案」，但不必是什麼了不起的創意，甚至只要是一個「念頭」、一個「靈感」就夠了。**

讓我們稍微練習看看，以「說明東京鐵塔的魅力」爲題。

第一步，此時腦中浮現什麼，就寫下什麼。如果想到「紅紅的、尖尖的」，就直接寫下來。

第二步，腦中閃過「東京的象徵」一詞，就將其寫下。

如果這瞬間，你又想到：「現在，晴空塔才是東京的象徵吧？」那就在上述一詞旁邊做個筆記。

總之，無論聯想到什麼，都要一一寫下。

當你覺得有點卡住時，就拿出智慧手機，搜尋「東京鐵塔」。

你可能會陸續看到各種相關題材，例如：「正式名稱是日本電波塔」「據說情侶一起看到東京鐵塔熄燈的瞬間，兩人的戀情就能天長地久，即所謂的熄燈傳說。」「一邊攀登六百階的室外階梯，一邊眺望東京」「鐵塔大神宮是東京最高的神社，這裡發行的參拜證明十分搶手」等。

只要你覺得有趣，就用條列的方式寫下。

你可能會產生疑問：「咦？這些東西稱得上是點子嗎？」

這個階段的確還稱不上點子，這些不過是自己腦中既有的詞彙和搜尋而來的題材罷了。

不過，阿大同學，所謂點子是不可能憑空降臨的。

首先，必須把自己收集到的資訊，和腦海浮現的聯想，盡可能寫下來。不去經歷這個過程，光是在腦中空想，創意之神是不會眷顧你的。

寫完三十三項提案後，試著綜觀整體，要拋開「眞無趣」的想法。**這裡頭蘊藏的是，你的思考流變**。這是你在衆多搜尋資訊中，根據自己的喜好選出的題材。一共只有三十三項，全部看過一遍也花不了多少時間。

攤開三十三項提案，加以融合

從中挑出你覺得最有趣的一項提案。假設你覺得「六百階的室外階梯」很有趣，就試著將它跟「鐵塔大神宮」這項資訊結合起來。兩者結合後，你可能會聯想出這樣的情景：「還在當考生的情侶們，爲了祈求考試順利，爬上階梯，到鐵塔大神宮參拜。」這就是一個小小的創意發想了。

試著將三十三項題材互相結合，思考出一個新的創意構思。

這一招在任何情境下都很管用。

工作上出了錯，不得不前去向客戶或廠商道歉時，你可能會擔驚受怕，想說：「死定了！我該怎麼道歉……」與其花時間擔心，不如把時間拿來想三十三項提案，思考如何克服障礙。

例如：直接向對方的總經理道歉、請我方的總經理及相關部門的人一同前往、思考善後的對策、擬定進度表、道歉時圓肩駝背低頭行禮（來自手機搜尋）、嘴角下垂不能笑（來自手機搜尋）；雖然對方也有不對之處，但今天暫且不提，擇日再商量討論……

只要提出三十三項提案，就能將各式各樣的狀況一網打盡。對未來的計畫越周延，就越能消弭焦慮。

寫企畫時，也不要一坐在電腦前，就立刻打開空白檔案。想要透過這個企畫說些什麼？困難點為何？先用智慧手機搜尋出相關題材。相關人士的一句建言、此刻腦中浮現的想法等，先收集到三十三項。多了這道功夫，絕對比坐在電腦前立刻打字，更能寫出資訊密度高又新鮮有趣的內容。

你也許會說：「但三十三項，實在太難了。」

阿大同學，重要的不是「三十三」這個數字。

即使你只能收集到九項相關題材，也不必唉聲嘆氣地想說：「啊！這就是我的極限，我眞是沒有這方面的才能！」

神奇的是，當你的心態是「現在想出九項了，接下來再想二十四項就好」的時候，用得上的題材就更容易出現。

當我們對自己說「看一看紅色的東西」時，紅色的東西就會開始吸引我們的注意。

這個狀態就是所謂的「思考創意構想」。

此時，就算想不出好點子，也不要氣餒。先養成持續思考的習慣。當你能收集到三十三項相關題材時，你就已經是個不折不扣的點子王了。現在輪到你親身實踐囉。

point

只要提出三十三項提案，就會受到創意之神眷顧。

作者解說④ **越練習越愛上思考**

第二天結束了。和田老師今天傳授的訣竅，包括以下五項：

1 換個腦袋思考。

2 開口說出自己每項行動的前因後果。

3 思考時設下限制。

4 大量使用策略連結。

5 寫出一共三十三項聯想或資訊。

這些練習的目的，是要讓大腦養成思考的習慣。

仔細回想學生時代，會發現學校幾乎不曾教導學生如何思考。

因此，和田老師的訓練法，或許也讓不少人感到不適應。

在此，讓我們回顧一下這些訓練法：

第一項，換個腦袋思考的練習，是設法讓常常一廂情願的大腦，能夠採用他人的角度思考。我們可透過這項練習，培養出以他人視角思考的能力。

第二項，開口說出自己每項行動的前因後果，這是訓練我們透過思考，為平時下意識做出的行為，賦予道理。用第三人稱來描述自己，也是在讓我們學習客觀覺察事物的能力。

第三項，思考時設下條件。這種思考方式是，設下「一個主張＋三個理由」的限制，以防我們未經思考就喋喋不休講個不停。這是整理歸納想法時，非常有效的方法。

第四項，大量使用「想成是○○」，以達到語言策略連結的目的。請記得那間老飯店的例子，當他們提出把飯店「想成是迪士尼樂園」的點子時，所有員工就開始接二連三提出策略化的構思了。

第五項，思考三十三項提案，則是著重於量的重要性，因此要求每次至少要寫出三十三項資訊或聯想。

無論工作與否，這些大腦訓練，都是提升說寫不可或缺的練習。除了睡眠時間外，我們應當隨時隨地利用這些方式，來持續驅動大腦運轉。

正因為這些練習如此重要，所以我們必須讓自己樂在其中。不妨看作是玩電玩遊戲，讓自己反覆挑戰，就算做不好也不用自責。到最後，你一定會愛上思考的。

明天就來到這次課程的中間點了，和田老師的內容也將越來越引人入勝。

story2

你可以爲董事長寫演講稿

山崎大雖然不是能力出衆，但也虛心向學。

別人交代的事，他常常毫無怨言地如實完成。這兩天只要有空，他就會開始回想十位美國總統的名字、小時候看過的十部卡通節目等；搭乘電車時，就開始念念有詞地進行實況報導；開會時，就絞盡腦汁思考「一個主張，三個理由」；並且爲同事聚餐的場所，思考三十三項提案。只要一有機會，他就會實踐和田老師教過的方法。

行銷公關處的出井總經理，注意到了阿大的變化。

過去發言中沒有什麼亮眼之處的阿大，忽然開始說出一語中的的意見，這讓總經理不禁開始疑惑，他怎麼會有如此大的改變。

和田老師的電子郵件課程邁入第三天。就在上課鈴即將響起的此刻，出井總經理將阿大叫進辦公室，並對他說：

「山崎，我們的下個新產品是優格，你應該知道吧？新產品發表的工作，你要不要接手做做看？有一個月的時間。我希望你以公關專員的身分，參加這個工作團隊，撰寫記者會的演講稿。這個商品將左右我們公司的命運，因此董事長說他將親自參加。我會讓你跟在行銷部阪田小姐的手下工作。她能力強，經驗也很豐富。不過，講稿基本上還是要由你來寫。你一定可以勝任的。」

聽完，阿大啞然失聲。「突然要我寫董事長的演講稿？這責任也太重了吧！」他左思右想該如何拒絕，但遇到緊要關頭時，他的腦袋老是一片空白，想不出任何字句。

此外，帶他的人是阪田小姐，她說話之快，在行銷部中首屈一指。不僅如此，說出的話還刀刀見骨！阿大向來連她的座位四周都不敢靠近。

回到座位的阿大，看著遙遙相隔的阪田小姐。她留著長髮，配戴眼鏡，外型亮麗。只不過，才早上九點，她就已經面對電腦，進入火力全開的工作模式。

「不妙啊、不妙啊……」阿大腦中不斷浮現出這個被嚴禁使用的形容詞。

接著，他打開電腦，準備向和田老師報告眼前碰上的大麻煩。

第三天

培養深度的思維邏輯

只要將思考模組學習上手，任誰都能以全新的切入點，自由自在地思考。

這一天要學習的是：五個爲什麼、辯證法、明確勾勒目標、擬人化、倒序推演法等五項練習法。

問題 11

收件者：和田老師

主　旨：

如何讓自己說的話具有說服力？

來到第三天了。

我竟然要在一個月後，負責寫出董事長的優格新產品發表會講稿，但我連那是怎樣的商品都搞不清楚。

雖然寫講稿是個棘手問題，但更讓我頭痛的是，我要和最怕的版田小姐，以及廣告公司那些辯才無礙的人交手，光是想到就讓我沮喪。

老師，現在只有我是個一無所知的局外人，完全沒有跟上大家的進度。請問我該從哪開始思考？我又該如何追上大家的進度？

方法11

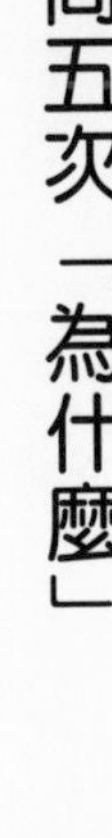

要知道真正的原因，就連問五次「為什麼」

阿大同學，先恭喜你成爲大型專案的一員。沒想到公司對個別員工的觀察還挺細膩的，這是你的大好表現機會。

想想M大的校訓——邁步向前。

接著，讓我們進入今天的課程吧！

人的擔心和焦慮，多半引發自未知的事物。以這次的情況來說，那個未知就是優格新產品，你的相關資訊量遠低於團隊中的其他人。

你感到恐懼的根本原因，不是來自你的主管或其他同事，而是來自於自己的一無所知。既然如此，你何不比任何人更深入地將這項商品好好思考一遍呢？

曾任豐田汽車副社長的大野耐一，他開發的豐田生產方式，是利用「五個爲什麼」來思考的一種好方法。我們趕緊來試試看。

打破沙鍋問到底，引發深度思考

你被賦予的任務是，寫出「董事長要說的演講稿」。屆時會有大批媒體記者來到現場，而他們的工作就是詢問為什麼。要確實地回答他們的疑問，你就必須再三詢問自己「為什麼」，而且要連續詢問五次。

就讓我們來試試看。

為什麼①：為什麼葛原食品要開發這項商品？

↓（一定要問大原則，也就是「本質上的為什麼」。）

回答①：因為目前優格的市場擴大，競爭越來越白熱化。

↓（思考社會上的走向和趨勢。）

為什麼②：為什麼市場擴大、競爭白熱化，就需要推出新商品？

↓（訣竅是直接將回答①原封不動地轉成為什麼②。）

回答②：因為目前引領市場潮流的，是以調整腸道環境功效為賣點的商品。

而現階段本公司並無相關產品，如果不做出改變的話，恐怕會逐漸在市場上失利。

↓（將回答①回答得更詳細。連同市場狀況、自家公司狀況也一併說明。）

爲什麼③：爲什麼沒有「調整腸道環境的產品」就會在市場上失利？

↓（訣竅是直接將回答②變成「爲什麼」問句，打破砂鍋問到底。）

回答③：因爲以「調整腸道環境」爲賣點的產品，不僅可標榜養顏美容，還能主張預防感冒，乃至降低癌症風險之功效，因此能多方面擴大目標消費群。

↓（將回答②回答得更詳細。進一步切入關於最新研究、目標消費者的論述。）

爲什麼④：爲什麼不僅可標榜養顏美容，還能主張預防感冒，乃至降低癌症風險之功效，就能擴大目標消費群？

↓（直接將回答③變成「爲什麼」問句，繼續打破砂鍋問到底。）

回答④：只要家庭成員中有人有健康上的風險，這項產品就能投其所好。

這麼一來，就有機會讓消費者一次買齊全家的份，並養成定期購買的習慣。

↓（將回答③回答得更詳細。進一步提及：一次買齊、習慣性購買等的消費行爲。）

爲什麼⑤：爲什麼讓消費者一次買齊全家的份，並養成購買習慣，就能讓葛原食品在市場上占優勢？

↓（訣竅是直接將回答④變成「爲什麼」問句，徹底打破砂鍋問到最後。）

回答⑤：葛原食品是擁有一百二十年歷史的老字號品牌，也有良好的信譽。悠久的歷史，再加上調整腸道環境的新功能，讓我們有機會贏得比其他公司更多的顧客。

↓（將回答④回答得更詳細。進一步提及自家公司的強項。）

五個爲什麼的問句，原則上不必一直變換主題，只要針對前一題的答案打破砂鍋問到底，問對方：「麻煩更深入地回答：爲什麼會如此？爲什麼你這麼說？」

把自己假想成一個頑固的老頭子，不追問到底絕不善罷干休。

「五個爲什麼」是幫助我們深入思考，十分管用的方法。

比方說，以「現在的部門不適合我」爲例，你就可以做出以下思考。

- 「爲什麼不適合？」→「因爲只有我一個年輕人。」
- 「爲什麼只有我一個年輕人就不適合？」→「因爲其他人的想法很古板。」
- 「爲什麼想法很古板就不適合我？」→「因爲對網路的想法不同。」
- 「爲什麼對網路的想法不同就不適合我？」→「因爲提出的企畫無法通過。」

於是，你會察覺，現在的部門很乏味的眞正原因，其實在於「提出的企畫無法通過。」

阿大同學，你也不妨根據自己的想法，對新產品徹底思考一番。現在輪到你親身實踐囉。

point

用五個爲什麼深入核心，擊潰場面話，挖掘出最眞實的答案。

問題 12

收件者：和田老師

主　旨：

意料之外的意見，讓頭腦一片空白

老師，行銷部的販田小姐眞的很恐怖。她突然一臉嚴肅地問我：「這個優格如果被消費者否定，你覺得原因會是什麼？」

被這麼一問，我又腦筋一片空白了。因爲我從頭到尾都只著眼於產品的優點，一時根本想不到有哪些缺點。

販田小姐說：「不能光看正面不看負面，我們必須努力化缺點爲優點。」老實說，我覺得不知所措。

化缺點爲優點？這種事有可能嗎？

方法
12

哲學家黑格爾的辯證法，能化危機為轉機

版田小姐不愧是個專業廣告人，她應該從學生時代就很認眞在學習廣告吧。眞了不起！出井總經理找了一個很棒的主管來帶你呢。**版田小姐在用的思考方法，是哲學家黑格爾所提出的辯證法。**

我們一聽到哲學，就會直覺反應那是大學裡哲學系在學的，太高深了，於是敬而遠之。但以愛好哲學的法國爲例，他們連小學生都會用黑格爾的辯證法與他人辯論。這是思考事物的基本模組，你要好好學起來。

首先，請在腦中想像出一個正三角形，左下方的頂點是你認爲的意見。右下方的頂點，則是反對意見。如果這兩個不停地爭論，誰才是正確的，那麼兩邊就會永遠各執一詞下去。

因此，我們要將意見和反對意見加以調整，並在三角形的上方頂點製造一

個更高層次的意見。黑格爾稱之為「揚棄」（Aufheben），這個詞記不住也沒關係。談這些概念性的東西，會不會太深奧？我用一個簡單的例子來解釋。

假設，老師規定這次遠足，每人最多只能帶一百元的零食，而你最愛吃巧克力，所以打算買一百元的巧克力。這就是「意見」。

相反地，你心中出現了另一個阿大的聲音，他告訴你：「我反對！遠足要花超過半天的時間，小小一塊巧克力，根本不夠吃。應該多買一些可以吃比較久的零食。」「我反對！巧

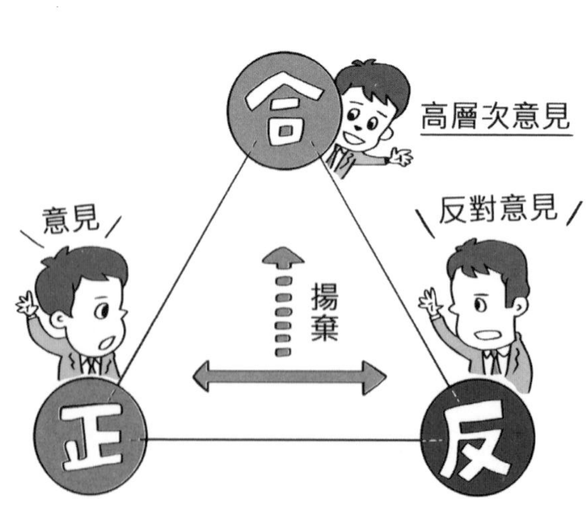

克力會融化。最近天氣這麼熱，根本不適合帶巧克力。」這就是反對意見。

此時，若只局限在「贊成」或「反對」的對立立場上，就不可能找出更好的答案。

如果同時採納想要帶巧克力的意見，以及應該選擇可以慢慢吃又耐暑熱的零食的反對意見，那你到了賣場，就會發現有賣以牙膏管為外包裝的軟質巧克力膏，一條五十元。買這個軟質巧克力膏的話，既能再買其他零食，又不怕熱，而且每次舔一小口，就能慢慢吃上好一段時間。

像這樣思考出更高層次的意見，就是辯證法的思考方式。

越知性的人越重視反對意見

阪田小姐想說的是：僅僅找出了新的腸道菌或老字號品牌的安心感，無法滿足世人的挑剔眼光。

她在提醒你**正視產品的弱點和負面之處，思考出另一個層次的新訴求**。

從你傳給我的資料來看，新產品的價位偏高。無論商品的功效再好，要讓一個家庭養成定期購買高價商品的習慣，就必須先給出讓人心服口服的理由。

高價位聽起來是弱點，也就是辯證法中三角形的右下方頂點。

雖然添加了有益腸道的好菌，但價格昂貴是一項弱點。阪田小姐現在想要克服的是這個難題。不錯喔，知性的人就是懂得重視反對意見。

阿大同學，你也要像阪田小姐看齊，好好思考。之所以會採高價位，一定有理由。

例如，手工製造，使人事費用增加；爲了追求健康，而堅持以純天然原料製造；或具有無法大量生產的稀有性。

爲何高價販售？試著向研發者詳細問出理由，化缺點爲優點吧。現在輪到你親身實踐囉。

point

合併優點和缺點，思考出更高層次的訴求。

作者解說⑤ 辯證法讓人不斷提升思維高度

新產品的發表會牽繫著公司的命運，山崎大被賦予了這項重任。不僅如此，要說這篇講稿的是葛原食品的董事長，這下子想不緊張也難，尤其阿大又對自己缺乏自信，他所承受的壓力更是非比尋常吧。

雖然，山崎大正在面對的是一項大型活動，但我想討論的問題，其實與大型活動無關。我希望無論是在平日討論協商時，或是會議上進行報告時，你都能善用五個為什麼和黑格爾的辯證法這兩個模組，來進行更深一層的思考。

這兩個方法都不是我發明的。辯證法，是早在兩百七十年前，黑格爾所思考出的方法；五個為什麼，則是四十年前，豐田汽車的副社長大野耐一提出。

時至今日，人工智慧的發展突飛猛進，全球各地的知識見聞都能相互串聯，即使如此，仍無法阻斷這些思考模組的廣泛流傳，就是因為這些思考方式，既合乎邏輯又穩健踏實吧。其中，辯證法的思考方式，是現代人較弱的一環，因此更希望你能好好學起來。

你不妨看看學校教育，有多少孩子因為懼怕說出與他人不同的反對意見，而無法表達出自己的真實想法？這種現象不僅限於國中小學，連在大學的課堂報告上、企業的討論協商上，也是如此。「與其提出反對意見，破壞和諧氣氛，還不如保持沉默。」不正是這種想法與心態，讓我們的智力越來越退化嗎？

我們應該像阪田小姐一樣，重視反對意見，藉此壯大自己的論點，不停創造出更高層次的新想法。這種活潑的能量，正是我們在思考之際所需具備的。

和田老師為山崎大提供的課程，已經講了將近一半。讓我們一起為阿大今後的成長加油打氣吧。

問題
13

收件者：和田老師

主　旨：
如何搞懂顧客想要的？

和田老師，黑格爾眞了不起。我向版田小姐報告時，畫了三角形的圖來解釋新產品的缺點。版田小姐一看到圖，就咧嘴一笑說：「很有概念嘛！」

目前，我們正一邊與業務人員及研究中心討論，一邊試著化缺點爲優點。

另外，版田小姐還給出了一項指示：「你想把這個商品賣給誰？對象要越明確越好。」然而，關於目標消費者，我們明明已經拿到了縝密的調查資料，這部分我還能多做些什麼呢？

方法13

鎖定目標對象，具體勾勒出形象

佩服、佩服。版田小姐眞是一針見血。

你說已拿到縝密的調查資料，葛原食品這麼大的公司，想必數據、資訊一定收集得非常齊全。

但無論數據、資訊再怎麼齊全，只要解讀方法不佳，都是枉然。這就是爲什麼版田小姐要你明確訂出想要銷售的對象。

舉個例子。在辦公大樓林立的商業區裡，便利商店的「甜點」會在晚間十點以後創下高銷售額，數字高過全國平均，而且其他區域皆無此現象。

爲什麼電車只隔一站，就能讓深夜的甜點銷售額提高這麼多，當時沒人知道原因。光看數據，也找不出理由。

因此，他們決定仔細觀察目標消費者，結果發現前來購買的顧客，似乎都是工作繁重的女性。

沒錯，正因如此，她們才會在深夜結束工作後，出於犒賞自己辛勤工作的心情，買甜食來享用。

這正是阪田小姐所說的「想把這個商品賣給誰，對象越明確越好」的眞正含意。

虛擬出一個活生生的顧客

阿大同學，這次的優格你打算賣給誰？我希望你明確勾勒出目標對象的理想原型。因爲你有詳細的資訊、數據，所以你推測的原型是否準確，可以等事後再來檢查核對。

第一件要做的，就是爲這個原型取個名字。訂出這個人的性別和年齡。這些千萬不能敷衍了事，要好好思考出一個符合這項產品的人物設定。

他／她有著什麼樣的家庭組成？從事什麼工作？居住在哪裡？年收入大約

多少？包括興趣嗜好爲何，都要好好思考。他／她現在最在乎的是什麼事？最大的煩惱是什麼？令他／她感到不安的又是什麼？讓他／她抱怨的是哪些事？

他／她的夢想是什麼？目標是什麼？除此之外，還要思考他／她憧憬什麼樣的生活型態。

發揮想像，自由勾勒出一個目標對象。舉個例子：

河野友美。四十一歲。住在東京都練馬區大泉學園。她與年長三歲的丈夫、小學六年級的女兒，住在公寓。

丈夫任職於新宿的大型印刷公司，河野友美則在高田馬場的分公司任職。兩人的年收入，一共是一千三百萬日圓。她最近的興趣是透過網路平臺認養一塊有農夫耕種的地，隨時可遠端觀察該地作物生長，而毋須親自耕種，並且能在收成季節體驗採收樂趣。對正在準備升上國中的女兒來說，這也是一項十分紓壓的活動。

她的夢想是住進一間獨幢、獨院的住宅，院子至少要能整理出一小塊地當菜園。她當下的煩惱是女兒的身心健康。因女兒放了學之後還要補習，所以她也很擔心女兒身體吃不消。至少一定會空出早餐時間，和家人一起用餐。

像這樣一步一步思考，然後你的腦中就會開始浮現場景。

栩栩如生地想像出對方的形象，其實是溝通的基本功。

接下來，還要思考如何讓新產品，融入你腦中的場景。可以是在住宅區裡的一塊小菜園上吃著優格，也可以是一家三口在兵荒馬亂的早晨，一起吃優格的模樣。

數據、資訊是在建立起形象後，用來檢查核對是否正確。

首先該做的是，為商品的目標對象，在腦中慢慢勾勒出明確的形象。因為你用心地描繪過這個對象，所以屆時你的構想將會更具原創性。

鉅細靡遺地勾勒出目標對象，再寫成企畫書，會讓你的內容更具真實性。對你所設定的顧客層做出明確的描繪，也能在商業談判上帶來優勢。這一招任何商務場合上，都能派上用場。

point

若能深入想像出對方的各個細節，自然能發現你所需要的東西。

花絮

追女朋友也用得上的方法

山崎大每天馬不停蹄地工作。肚子一空，就拿起他牌的優格來吃。「我以前有這麼熱衷於工作嗎？」他一邊這麼想，一邊伸展雙手雙腳，一屁股坐在椅子上，此時版田小姐的臉龐突然出現在他眼前。

「今天可以收工了，我們去喝一杯吧。」

咦？版田小姐邀我？阿大心跳加速了起來。原本令他畏懼的版田小姐，最近在他心目中起了變化。

時間已是晚上十點多。在版田小姐的要求下，計程車司機火速將他們載至飯店酒吧。一位將頭髮整齊紮在腦後的酒保，從長長的吧檯另一端，朝他們點頭致意。「原來是常客……」當阿大這麼想時，不禁又緊張了起來。

阿大開始滔滔不絕地講起和田老師的事。版田小姐邊聽邊點著頭。阿大慷慨激昂地論述著三十三項提案、辯證法、一個主張＋三個理由……版田小姐忽然注視著阿大，問：

「你喜歡我嗎？喜歡的話，是喜歡我哪裡？」

那眼神比平時更認眞。阿大的腦筋此刻更加空白了。不，事實上他腦中隱隱約約地冒起粉紅泡泡，只是一句話也說不出來。

「呆瓜，和田老師教你的東西呢？你根本就不會應用嘛！一個主張是『我喜歡妳的全部』，三個理由分別是『①趨勢：在公司裡受到重用；②特質：人美，個性又不拐彎抹角；③買到賺到感：可以在工作上幫我大幅提升』。你要這樣子回答才對。記得，追女孩子時，也要用上老師教過的方法啊。」

語畢，她將加了冰塊的威士忌一飲而盡。

山崎大的腦子連一字半句也擠不出來，但只要能將今晚的版田小姐深深烙印在腦海中就已足夠。原來腦袋陷入失語的放空狀態，也是有好處的。

問題 14

收件者：和田老師

主　旨：

如何讓產品看起來更有魅力？

無論寫企畫書或開發商品時，一開始都要先盡量生動地描繪出目標對象。有了一個明確的對象後，確實會讓人產生想說動對方的想法。

言歸正傳，老師，今天想請教的是，如何讓商品看起來更有魅力。

版田小姐的說法是，為商品注入生命。五個為什麼、辯證法、生動描繪出對象，這三項練習我都試了，卻仍然搞不清楚這是一個怎樣的商品，又能為人帶來什麼幫助。怎麼辦？

方法 14

利用擬人化，為產品注入生命

爲商品注入生命，這也是金句呢！阿大同學，我理解你爲什麼會對版田小姐情有獨鍾了。好好提升自我，讓自己成爲一個配得上版田小姐的人吧！

縱使你已把目標對象想像得栩栩如生了，但如果你說：「這個新推出的優格，是來自食品業的老字號品牌，能重整腸道環境。」這樣是不會有人買單的。於是，你們的優格仍然只是工廠生產出的製品，無法成爲進入顧客手中的商品。

你要讓製品得到自己的定位，讓大衆一看到你們的優格，就立刻知道：「啊，這是屬於某某類人的東西。」這正是版田小姐所說的，爲商品注入生命。

那麼，這該如何做呢？

其實你要做的是，簡單明瞭地加以解釋，讓每個人都能想像出這項商品的消費者特質，而達成這件事的其中一種方法，就是商品擬人化。

這個可以擬人化嗎？

擬人化，是指透過修辭，讓非人類的事物，看起來有如人類一般。阿大同學，既然你對動畫知之甚詳，應該就看過一些擬人化的例子，例如：日本早期戰艦化身為美少女，或著名的日本武士刀化身成名刀男子等。我們幾乎可以說，日本動漫電玩的文化精髓，就在於卓越的擬人化手法。

日本的「在地吉祥物」，其實也是擬人化的一種。你有沒有看過夕張哈密瓜化身成的吉祥物「哈密瓜熊」？這是以哈密瓜經常遭到棕熊偷吃為聯想，藉此宣傳「連兇猛的棕熊，都難以抗拒夕張哈密瓜的美味」。並以獨特的個性，將哈密瓜擬人化。

透過擬人化，為商品注入生命。這個方式只要運用得宜，不但能增加說話與寫作上的說服力，還能讓人秒懂你想傳達的概念。

當有人問美國是個怎樣的國家，你只要回答就像《哆啦 A 夢》裡的胖虎，就能迅速詳實地達到溝通的目的。

現在我們就來將新商品優格擬人化看看。

如果要從零開始想像，未免太辛苦了，因此，不妨套用在一個已經存在的人物形象上。

比方說，將這個優格看成網球界的「大坂直美選手」：年輕、健壯，說話帶有幽默感，且親和力十足，又不失端莊典雅。

將這個形象套用在新商品的特性上，試著朝這個方向思考看看。葛原食品發現的菌種，具有平衡腸內菌叢的功效，這確實能讓人變得健壯吧？持續食用的話，就會使腸道健康，進而擺脫贅肉，變得窈窕。

這樣來看，這個優格可說兼具帶來強健，以及帶來美麗、婀娜的要素。那麼，你就可以用擬人化的手法說：「這是能讓你變得強壯又可愛的優格。」

讓我們再找另一個人套用看看。例如，南方之星的桑田佳祐。

南方之星是在日本歌壇上屹立超過四十年的長壽樂團，總是活躍於第一線上。桑田佳祐甚至擊敗了「癌症」，因此相信他一定時時刻刻都致力於減輕癌症風險吧。

將這個形象套用在商品上，就可以將這款優格，看成像桑田佳祐一樣，總是活躍於第一線、爲人們帶來貢獻的優格。

只要加以擬人化，就能讓對方產生相同的認知。即使是難懂的概念，也能讓人聽懂。善於說話的人，大多善於比喻。

一個人手邊若擁有許多比喻可以隨時使用，例如：日本是大雄，美國是胖虎。那麼他在商務洽談上一定無往不利。在商場上，比喻是任何場合都用得到的好幫手。

point

只要正確地掌握特徵，就能大幅提升傳達的速度。

問題
15

收件者：和田老師

主　旨：
為何要從最終目標開始思考？

老師，謝謝您的教導。我開始一邊想像形形色色的人，一邊爲商品思考人物角色，於是，原本只是產品的優格，眞的彷彿有了自己的人格，像是被注入了生命一樣。

言歸正傳，我向出井總經理報告了目前的工作進展。

結果，他對我說：「最終目標不太明確。」可是，我現在連前進的方向都還搞不清楚，這個階段眞的能釐清最終目標是什麼嗎？做這件事會不會只是在浪費時間？

方法 15
以終點來思考，看清之前不明的地方

阿大同學，讓我再講個發生在自己身上的故事。

當我還是菜鳥時，曾在工作上接到一件關於健身器材的案子。那是我第一次拜訪顧客，傾聽需求。回到公司，當我正要開始閱讀資料時，前輩突然對我說：**「現在就對我說明你的企畫，只說你目前想到的即可，但要視爲正式簡報一樣，內容不論是憑空想像或杜撰都沒關係。」**

雖然聽過顧客的說明，但我腦裡根本沒有任何構想。

「這也太強人所難了。」我說完，前輩立刻板起臉孔說：「瞎掰都好，你不試怎麼知道！」

無可奈何之下，我只好站在會議室的白板前說明：市場的風向如何、同質性商品以什麼爲訴求、目標消費者是什麼年齡層、代言藝人需要怎樣的形象、廣告的標語和提案爲何。

我根本是想到什麼說什麼，結果當然說得七零八落，我因此感到沮喪。前輩卻在此時對我說：

「和田，你知道自己的一無所知了吧？你現在應該發現自己還缺哪裡、還沒弄清楚什麼部分，又該如何進行思考了。**從簡報的現場回推，你就能看見自己的不足之處。當我們在走迷宮時，如果從終點倒過來走，反而能輕鬆走到起點。工作也是，要從終點倒過來思考。**」

一開始就想好收尾的哏

生死學中，有一項實作練習是：想想看你希望自己的告別式上，朋友們念出怎樣的追思文。這就是所謂的倒序推演法，也就是從你希望未來留給朋友的形象，回推到現在的自己。前輩教我的思考方式，與這種實作練習如出一轍。

出井總經理想說的，應該就是這個概念，**以倒序推演法想像出一個生動的未來景象，再從這個未來景象回推到現在**。

這麼一來，你就能看清楚自己還缺少什麼，對哪些部分還不夠了解。

看起來就像邏輯思考，將你的論點，一項一項堆疊起來。但又不只是如此。**在設定好最終目標後，還要俯瞰全局，這也是一種邏輯思考方式**。

來自北海道的你，或許不會有這種習慣。

像我從小是在關西長大，無論說話或書寫時，我都會先想好最後一句收尾的哏，才開口或下筆。

在關西，不管你說出來的話再怎麼頭頭是道，別人最後還是會問：「那你收尾的哏是什麼？」關西人之所以擅長買賣，就是因爲會先決定好結果要收在哪裡，才開始談生意。

先決定好最後的結語，才開始鋪陳談話內容，這種說話方式與倒序推演法十分類似。

你不妨在現階段，想像一下記者會當天的情景吧。

記者會的舉行場地是在飯店的大宴會廳呢？還是在公司的大會議室？當天會請藝人來嗎？會讓記者們試吃商品嗎？如果會的話，就要趁早掌握到場人數，並事先聯絡商品部門，做好確認工作。

如果你想等到全部企畫完全定案才開始聯絡，時間肯定來不及。到時候你一定會在某件事上，因當初沒有趁早行動而感到懊悔。

利用倒序推演法描繪出最終目標後，就要開始積極行動。如果發現哪個環節弄錯，還有機會中途修正。現在輪到你親身實踐囉。

point

邏輯思考的方法，不只一種。

作者解說⑥　你可以重組自己獨門的思考術

在山崎大接到了重要的工作指派後，和田老師教了他以下五種思考方法：

1　以五個「為什麼」深入思考，挖掘出本質。
2　以黑格爾的辯證法，客觀地整理歸納狀況。
3　將「傳達對象」的形象明確想像出來，藉此加強內容的真實感。
4　以「擬人化」幫助他人聯想。
5　以「倒序推演法」俯瞰全局，並提早採取行動。

這些知識並非只有在阿大從事的公關工作上，才能發揮作用，比方說，撰寫企畫書時，也可利用這五項訣竅來確認內容。方法如下：

1　這項企畫最根本的目的是什麼？（五個為什麼）

2 針對這份企畫書的結論，我們能找出什麼反對意見？又該如何解決？（黑格爾的辯證法）

3 這項企畫實際上能讓什麼人群採取行動？（目標對象的明確化）

4 這項企畫給人的印象，可以比喻成什麼人或什麼動物？（擬人化）

5 勾勒出企畫執行後的結果，再從結果回推思考現在。（倒序推演法）

只要能實踐其中任何一項，你就絕對稱得上是一個有邏輯思考力的人。

坊間關於思考術的書籍琳瑯滿目。我也曾購買過，並做了各式各樣的嘗試，然而大多數都派不上用場。人的「模組」是很難改變的。

因此，此處介紹的五種方法，不見得個個都適合你。請加入自己的創意，盡量改造成你的獨門招式。擁有自己獨創的思考術，才是最大關鍵。

有一天，你開發出某種非凡的思考術時，一定要告訴我喔。

花絮　閒聊的藝術

出井總經理是位閒聊高手，即使是一般的閒話家常，也能讓人聽得津津有味。

相較之下，山崎大顯得恰恰相反。他講越多，聽的人眉頭就皺得越深。老是話不投機的他，在宴會上總是堆著滿面笑容，默不作聲。

某天，山崎大陪出井總經理去參加客戶的飯局。當時，出井總經理聊起了前幾天到函館出差的事。他說：「我在函館山上看夜景時，在霓虹之中看見了愛心（ハート，heart）的字樣」。

阿大是北海道人，這件事對他來說自然見怪不怪。但客戶，特別是其中的年輕女性，都聽得津津有味。「嗯……閒聊到底是什麼？我眞搞不懂。」在搭上計程車的回程中，阿大向出井總經理請教了閒聊的訣竅。

「日本作家司馬遼太郎曾說過：用說話做爲酬謝。商場上的閒聊，跟他這句話有異曲同工之妙。你不能一味說自己想說的事。

「像是今天關於函館的話題，若是和當時一同出遊、彼此推心置腹的朋友聊天的話，我會聊吃的話題。美食入口的記憶，總是令人印象深刻，也能使彼此產生親密無間之感。縱使沒有同行，只要去過函館的人，一談到吃就不會冷場。

「可是，今天的客戶中的女性們，沒人去過函館。而且她們說了自己是新婚少婦。我是仔細聽出了這個小細節，才會選擇有羅曼蒂克感的函館景色做爲話題。

「雖然你來自北海道，但你如果跟從來沒去過北海道的人說：『函館的魚眞是好吃！』你覺得對方會有什麼感覺？會跟你聊天很盡興嗎？一個沒搞好，說不定還會被對方覺得你是個只會自說自話，不顧他人感受的人。記住，商場上的閒聊，是一種酬謝，要以對方爲主體。你也要學著仔細聽別人說的話，然後選擇對方會感興趣的話題。」

早一步下了計程車的阿大，抬頭仰望。東京的夜空和北海道不同，看不見任何一顆星星。但這裡卻住著形形色色的人，每天教導他各式各樣的事。過去，他一直誤以爲閒聊就是放鬆心情，講自己愛講的事。雖然天上不見星光，但他的心情卻一派舒暢。因爲他得到了在心中閃閃發光的珍貴寶藏。

第四天

一開口就
直達人心的修辭力

說清楚、講明白，不僅僅是講得簡單易懂而已，唯有讓對方採取行動，才能稱得上是說得清清楚楚、講得明明白白。

本章要告訴大家，如何一開口就能直達人心。

問題 16

收件者：和田老師

主　旨：

請教教我，如何傳達才能簡單易懂又好記！

老師，早安。一轉眼，竟然已是第四天了。想起本週剛開始時，自己還在爲腦袋擠不出半句而發愁，現在恍若隔世。

今天想請老師教教我「修辭」。我當初就是因爲不善語文，而選擇了理組，所以從來不曾說過或寫過令人拍案叫絕的文案或作品。

我想透過修辭，讓自己說出的話易懂又好記。請問我該注意哪些地方？

方法16 二十五字法則

阿大同學，早安。

可不是嗎？當初你還煩惱著自己的詞彙量太少，現在已判若兩人。無論做什麼都一樣，鬆鬆散散、精神渙散，是不可能做好的。既然要做，就要爲自己設下間不容息的挑戰，才能脫胎換骨。今天也要好好繃緊神經，我可不會故意放水喔。

關於易懂又好記的修辭法，答案很簡單，在許多坊間的書上都看得到，我也曾對你說過。只有四個字：

簡潔傳達。

不過，簡潔二字說來簡單，做來困難。

我的學生經常會問：「大概幾個字才叫做簡潔？」但眞正重要的，不是字數，而是秒數，也就是時間。

以中文來說，專業的播報員的平均語速爲一分鐘三百字。因此，一秒鐘約五個字。

簡單來說，就是一秒可以念完「床前明月光」五個字。「一秒＝床前明月光」，我們可以將這樣視爲一個單位。

阿大同學，「床前明月光」五個字不換氣的話，你最多能夠流暢地反覆說幾次？請你試著念念看。

我想五次大概剛剛好吧？雖然會有些個人差異，但多數人應該說超過五次，就會有些勉強。

一秒能說五個字，而說了五秒就會想換氣，那我們一口氣能念完的，約爲二十五個字。

以一行二十五格的五百字和六百字稿紙來看，就是剛剛好一行字。這正是任何人都不會感到喘不過氣的說話單位。

連總統也這麼做?!

我建議，**說話時以二十五字爲單位，二十五字既能一口氣念完，又能言之有物**。以下舉兩個例子：

這個新推出的優格，幫助你和家人減少許多健康風險。（二十四字，減去標點符號爲二十二字。）

又到了感冒旺季，每天早上和家人吃優格來預防感冒吧！（二十五字，減去標點符號爲二十三字。）

不管是寫電子郵件或向上級報告，都要注意這個二十五字原則。簡潔傳達，就是要培養出能直覺地以二十五個字說話或書寫的習慣。

政治人物在選舉時，會一再使用相同的口號，使該口號縈繞在選民的腦海中。而二十五字原則，也是思考口號時的其中一項標準。

一句話超過二十五個字，就無法讓人留下印象。

這個時代，連美國總統都在用推特宣布政策了（譯注：推特的貼文有字數限制）。

時時提醒自己，要寫出能一口氣念完的短文，就是讓你的話語易懂又好記的訣竅。

point

簡潔的語言，讓人印象深刻。

問題 17

收件者：和田老師

主　旨：

想請別人採取行動時，該如何表達？

老師，您說：「所謂簡潔的短文，就是寫成一口氣能讀完的二十五個字。」版田小姐看完後，讚嘆：「太精闢了！」

她說她一直自卑於在書寫和說話上都很冗長的缺點，謝謝老師的教導。

這次，我想幫版田小姐問一個問題。無論內容說得再好，只要顧客不購買，就沒有意義。她想請教，有沒有能激發他人採取行動的傳達方式？還請老師多多指教。

方法17

放入大量的動詞

阿大同學，你跟版田小姐的感情眞好。我很開心聽到你們一起讀我的信。看來你們已經建立起團隊默契了。光這一點，就能讓成功的機率大大提升。

言歸正傳，你們想問激發他人採取行動的傳達方式。

當你們想鼓勵他人時，會說什麼？「加油」應該是說得最普遍的吧。

我曾經生過一場大病。那時，一聽到別人對我說「加油」，我就沒好氣。因爲我反倒會想說：「你們說得倒輕鬆，但我就算想加油，也什麼都做不了啊。不要說這種不負責任的話！」

那麼，英語圈的人又是怎麼鼓勵他人？

最具代表性的說法應該是「Cheer up!」吧。直譯成中文，就是「高聲歡呼」。這種說法是不是很具體？一聽就知道該如何採取行動。其他還有「挺起胸膛！」

「抬高下巴！」等。

他們有很多說法，都是具體對身體動作做出指示。

想要透過語言激發他人採取行動，不妨使用「Cheer up!」的方式。換言之，就是要寫出具體的身體動作。

給你們看一段祝福話語，這是我爲某所小學的畢業典禮寫的。我用下面的這段話來替代了「加油」二字。

「挺起胸膛，抬高下巴，仰望天空！這個姿勢能讓你站上起飛點，你將從這裡自由地展翅飛翔，飛得又高又遠。即使失敗，也要挺起胸膛，抬高下巴。即使落寞，也要挺起胸膛，望向遼闊天空。」

寫下這段畢業祝福的目的，就是希望那群畢業生，未來遭遇艱難時，能想起這些身體動作。

這就是我說加油的方式。

這樣的表達方式容易影響人

比方說，你現在想讓對方吃優格。

如果只是說「很好吃的，來吃吃看」「這種優格能平衡腸內菌叢，一定要試試」，對方聽了恐怕也不會行動。因爲從詞性來看，這裡只寫了「吃」和「試」兩個動詞。

你不妨增加文中的動詞。想像一下吃優格時的場景，然後在文中加入動詞。

「奶奶笑呵呵，媽媽在哼歌。連老是睡眼惺忪的女兒，也精神奕奕。自從吃了這個優格，早晨的風景不再一樣。」

你看，畫面是不是正在你腦中播放？

想要激發他人採取行動，就要寫出動作。一個人之所以會採取行動，不是因爲你對他的心靈或頭腦喊話，而是因爲對他的身體喊話。

在言語間插入大量的動詞，就能打動人心。

比方說，如果想約女友去看電影，你可以說：

「這部電影妳看了一定會捧腹大笑，也會感到生氣，感到緊張刺激。到最後一定還會感動落淚。要不要一起去看？」

要用動詞來提出邀約。現在輪到你們親身實踐囉。

point

動詞越多，越能讓影像在腦中自動播放。

問題 18

收件者：和田老師

主　旨：

如何寫出深刻多樣的文章？

想讓人採取行動，就用動詞。我又上了一課，謝謝老師。那麼，我想接著提問。

我從事行銷、公關的工作已有三年，版田小姐已有八年之久，我們寫文字的分量，應該多於一般人，但是寫出來的東西總覺得有種距離感。

我是理組出身，寫出來的文法雖然正確，卻少了人情味。版田小姐是文學系畢業，她的文章風格則類似作文。

版田小姐說，她不知道該如何拿捏口氣正不正式。請問老師如何才能寫出讓人印象深刻而富有變化的文章？

方法18

拋開學校教的「常理常識」

字寫得太過工整、刻板，不見得招人喜愛；同樣地，文法正確、在學校能拿滿分的文章，既無法引起共鳴，又顯得一成不變，反而會讓人覺得呆板無趣。處理不好的話，甚至會被認爲是樣板文章，這應該是許多學生時代善於作文的人，經常遇見的困擾。

對於這樣的人，我想說的是：**「質疑過往學校教的作文規範。」**

就像有條規範是，要在一開頭就清清楚楚、單刀直入地說出結論，彷彿在逼問對方：「說清楚到底是哪個！」這應該是記者追新聞時，會向採訪對象說的話。

但**在修辭的世界裡，我們經常使用的一種技巧是，將相反的事物並列，以**

達到強調的效果。

比方說，如果是以保濕成分爲賣點的洗面乳，就會用「滑溜溜」一詞來形容其使用效果。

這時，可以刻意搭配上有積極洗掉汙垢之意的「搓搓搓」一詞，寫成「再怎麼搓搓搓，還是滑溜溜。」這樣是不是能讓人覺得不管怎麼拚命洗臉，保濕成分都能發揮作用?!

以優格來說，大概就是「濃醇卻爽口」。

如果是形容坂田小姐的個性，則可以說「既堅強又溫柔」或「雖然豪氣十足，卻又嫵媚動人」等，不勝枚舉。

並用相反的內容，可以達到強調的效果。現在輪到你親身實踐囉。

point

超越學校教的規矩，寫出煥然一新的文章。

作者解說⑦ 既要學習經典，也要關注趨勢

第四天，阿大已開始向老師請教關於修辭的煩惱；第一天，他還在擔憂自己缺乏詞彙呢；前後相比簡直是天壤之別。

今天學了三種方法：簡潔傳達、激發行動的修辭法和非教科書式的修辭，這三項都是我在寫演講稿時，經常使用的技巧。

再舉其他例子：學校會教句首都一樣的文章，太過單調，因此要在句首做變化。然而，當我們想強烈地向對方傳達訊息時，經常會將相同的句首排在一起，以增加渲染力。

我就經常刻意讓一個名稱反覆出現，像是「葛原食品有口皆碑，葛原食品安心天然」之類，這麼做能加深讀者或聽者的印象。

網路普及後，隨著人工智慧的翻譯能力日益提升，我們對於修辭的標準，也逐漸看重文章是否易於翻譯與查詢。

現代人經常是一邊用大拇指滑動智慧手機，一邊閱讀，因此文章的排版、

強調方式、一句話的長度、段落分隔的方式，也出現大幅變化。

語言源自於人的日常生活，因而技術的進步會對語言造成莫大的影響。這種語言變化的趨勢，也是我們必須仔細留意的地方。

但不管修辭的方式再怎樣隨著時代改變，我們還是必須透過學習打穩基礎。一味追求符合時代與趨勢的語言，就無法與生活在不同時代、或具有不同價值觀的人，產生有效的交流。

一個人若是熟讀古今中外的名作，就能說寫出有格調、有內涵的語言。

這也是琢磨修辭時，不能忘掉的一點。阿大，你可要多多讀書啊！

問題 19

收件者：和田老師

主　旨：

如何說出重點？

和田老師，謝謝您的指導。過往上司和廠商老是要我單刀直入講清楚，所以，您提到說話不要單刀直入時，我簡直如大夢初醒。

但即使如此，當我想傳達某件事時，還是經常被說「沒講到重點」「說得太抽象，難以具體想像」。請問老師如何傳達才能牢牢抓住對方注意力？怎樣才能強烈表達出「我要你們看的、我要你們了解的重點就在這裡」？

方法19

把鏡頭焦點聚到想傳達的主體

阿大同學，你知道相機的廣角鏡頭和望遠鏡頭有什麼差別嗎？

廣角鏡頭，能針對大範圍進行一覽無遺的拍攝。畫面糊掉的部分少，所以適合拿來拍攝建檔資料等的照片。

望遠鏡頭，則是針對主體進行特寫，背景是模糊的。換言之，就是透過照片告訴對方「我想傳達的重點就是這個！」

牢牢抓住對方注意力的說話方式，其實和望遠鏡頭的拍攝方式類似，也就是捨棄非必要的旁物，用變焦鏡頭將想要拍攝的主體，拉近距離放大。

比方說，有一項攝影比賽是以早春爲主題，你爲了參賽，而來到公園尋找拍攝對象。

此時，你有三個選項：

1 拍攝晴空萬里下的整個公園。

2 拍攝悠閒地攤開便當，在草地上野餐的一家人。

3 拍攝含苞待放的櫻花。

哪一個選項最符合早春主題呢？

當然是3「含苞待放的櫻花」吧？1、2都是在春天以外的季節，也拍攝得到的廣角鏡頭風景。唯有以望遠鏡頭迫近含苞待放的櫻花，才是最符合早春主題的景色。

一聽到早春，便從眾多風景中，聚焦到「含苞待放的櫻花」，鏡頭拉近至花苞的瞬間，「早春」這個主題就會鮮明地躍入眼簾。

用特殊文字把鏡頭拉近

就算沒有相機，我們也能透過語言來將鏡頭拉近主體。利用結構助詞「的」，來對主題進行特寫即可。

從「櫻花樹」到「含苞待放的櫻花」，就是透過鏡頭拉近至主體，讓自己想傳達的重點清楚地突顯出來。再舉其他例子：

・「拉麵真美味。」→「拉麵的湯頭真美味。」

・「我兒子很可愛吧？」→「我兒子的鼻子很可愛吧？」

・「我喜歡紐約。」→「我喜歡紐約的日常風景。」

利用「的」將鏡頭向主體拉近，就能看見重點，讓你的想法如實傳達。

讓我們利用「的」，讓鏡頭向新產品優格拉近看看。

「想讓大衆感受到優格的尊榮感。」
↓「想讓大衆感受到優格外包裝的尊榮感。」
↓「想讓大衆感受到優格烙有燙金皇冠的外包裝的尊榮感。」

利用「的」調整鏡頭，聚焦到自己眞正想傳達的核心。

在平日就養成經常思考「○○的○○」的習慣，也是很有幫助的練習方式。

現在輪到你親身實踐囉。

point

利用語言的聚焦，明確表達出你想讓對方明白的重點。

問題 20

收件者：和田老師

主　旨：

如何才能建立起合作無間的關係？

　　和田老師，我遇到麻煩了。我和阪田小姐起了爭執。起因是我們對於行程的看法有小小的出入，加上我們兩人這幾天都因爲忙得不可開交，又有一堆問題要處理，而心浮氣躁……

　　我說了一句「這樣眞是沒辦法工作」，讓阪田小姐大爲光火，現在我說什麼，她都聽不進去。老師，請教教我該說些什麼，才能跟對方和好？這個問題十萬火急，麻煩您了！

方法20

用「我們」讓對方投入感情

我以爲今天是討論修辭，沒想到竟然要我幫忙調解糾紛。不過也好，在推動一項專案時，爭執是免不了的，尤其像你和版田小姐這樣的關係，更是如此。你們之間的關係，會在一次又一次的爭執中，變得越來越緊密。

在教你說什麼話才能修復關係前，先來回想一下吵架時，我們會說哪些話。

「我又不是那個意思。」

「這些話你應該早點說啊。」

「不對，我覺得那樣做不行。」

「你一直都是那樣想的嗎？沒想到你是這種人。」

說的都是這類的話吧。

主詞全部是第一人稱的我和第二人稱的你。我們用第一人稱主張自己的意見，用第二人稱指責對方。

從這些爭執的話語中，應該能看出這幅景象：本是同在一個團隊的兩個人，變得互不相讓，互相火冒三丈地指責對方。

想要和好，只要再次使用團結一心的詞彙即可。這個詞彙就是——我們。

無論爭執的理由爲何，都不能讓這種狀態持續下去，否則工作也會被耽誤。這時候，還是要由身爲部屬和男性的你開口道歉。先說對不起，接著問：「我們接下來該怎麼做比較好？」

將主詞從我和你，改成我們，強調兩個人是有志一同的戰友。阪田小姐一定會明白你的心意。

訣竅在於把事情當成自己的事

美國前總統歐巴馬是一位演講高手，大家都知道他經常使用「我們」一詞。

這短短一個單字中，就包含著「我們大家一起來做」的意義。

歐巴馬任職總統之初，打出了「我們做得到」（Yes We can！）的口號，而他最後的告別演說，則是以「我們辦到了」（Yes We Did!）畫下句點。

他就是藉由「我們」一詞，讓美國上下團結一心。

「我們」一詞，不只能用在今天你和阪田小姐的關係修復上，往後的工作上也應該多多使用。

我們正生活在一個前所未見的巨大壓力的社會中。

用「我們」一詞，比較能讓人感覺到這是自己的事，對吧？

在敘述時，將「葛原食品」說成「我們葛原食品」，才能讓所有員工團結一心，這一點你一定要牢記在心。

阿大同學，你要記住：話語是由說的人和聽的人共同建構而成。

無論是在開會或在做簡報時，你要做的都不是用自己的主張贏得對方的認可，而是和對方一起編織出一段有共鳴的故事。

這時候，「我們」就是一個十分有用的主詞。
改變你的說話方式，多多使用「我們」一詞。現在輪到你親身實踐囉。

point

說「我」和「你」無法縮短彼此的距離。

作者解說⑧ **表達的熱情**

從我開始為「朝日小學生新聞」網站撰寫「給人群中的你」專欄，至今已有四年，那是以書信形式寫成的五百五十字文章，適合兒童閱讀，因此我會收到許多孩子們寫來的信，和我分享他們的感想或煩惱。

小學生寫的信，當然有時錯誤百出，有時話題跳躍多變，令人摸不著頭緒。但他們會在信紙上畫插畫、貼貼紙、畫連載漫畫、設計以我為造型的漫畫人物等。他們會用盡各種手段來寫一封信。每當我讀到這樣的信時，就會開始思考什麼是修辭？什麼是傳達？

這次和田老師教了五種方法，包括簡潔傳達、促發行動的修辭、非教科書式的修辭、重點的對焦方式，以及「使對方投入此事的傳達技巧」。

這些都是我實際嘗試後，效果顯著的做法。當你使用上手後，別人解讀的速度與深度，一定會越來越快、越來越深刻。

因此，我覺得，雖然學習這些訣竅與技術很重要，但更重要的是，像孩子們的來信一樣，用盡各種手段吸引對方閱讀，讓對方理解。那是一種期盼收到回信的熱情。

一封不顧一切試圖傳達出想法的信，當你握在手中時，它彷彿會傳遞出不同的重量與溫度。那是文章傳來的體溫。

我希望正在閱讀本書的你，能夠明白這一點。

不管你學會再多技巧，只要你缺乏傳達想法的意念，對方就一定收不到。如果你抱著工作需要、迫於無奈的心情撰寫，就一定會被別人直接略過。

千萬記得，對心儀對象告白時的興奮與緊張，其實能提升我們的溝通傳達力。

即將進入最後一天了。接下來，和田老師將會談「說服力」。真是教人既興奮又緊張啊。

花絮　有力的稱讚方式

版田小姐從 S 大畢業後，進入葛原食品工作。大學時代，她專攻文學，畢業論文是寫「宮澤賢治」。經過公司內的職務適性審查後，分派至行銷公關處。她曾在行銷部任職四年，目前進公關部邁入第四年。行銷公關處中，只有她待過兩個部門，因此兩邊都對她十分器重。

根據小道消息，她在學生時代擔任過雜誌模特兒。走起路來，她總是精神抖擻地邁著大步；微笑時，嘴角就會左右對稱地大大揚起。不過，美麗的玫瑰都是帶刺的。她不但說話尖銳，又緊迫盯人到死纏爛打的地步。當阿大說自己在這個專案中被安排在版田小姐下時，早他兩年進公司的前輩朝他雙手合十，說：「節哀順變。」

然而，實際共事後，阿大卻覺得她並不會對人死纏爛打。雖然她會追問：「爲何？爲什麼？」這是因爲她不知不覺地在實踐著五個「爲什麼」。

雖然她要求阿大看商品的弱點，但知道辯證法，就會了解箇中道理。雖然她批評文章寫得太長，三番兩次退回重寫，但當阿大提醒自己要精簡成二十五個字後，她立刻露出笑容說：「嗯，寫得很棒。」

阿大覺得大家都誤會她了。阿大之所以這麼想，是因爲版田小姐會在對的時機點上，簡潔有力地給予讚美。除了「嗯，寫得很棒」之外，其他還有「這個點子可以用」和「好，就照你說的辦」等。其中，最令阿大開心的，是聽到她說「這比昨天還要好」。前任主管會說「跟某某某比起來，你太天眞了」之類的評語，總是要拿他跟別人做比較。過去，山崎大一直爲此飽受心理折磨，一看到周圍的人，就自慚形穢地嘆氣。

在對的時機點上簡潔有力地給予讚美。不跟他人比較，而是跟昨天的自己比較。

版田小姐的這種讚美方式，讓自認爲是「缺乏詞彙能力的理組人」的山崎大，一點一點地從自卑感中解放出來。畢竟，中午共餐時，在「三十秒舉出十個名稱」的比賽中，阿大獲勝的次數越來越多了。每當他獲得勝利時，她就會笑著說：「阿大，你知道的名詞還眞多呢。」這種時候，阿大總是比在工作上，更能明確感受到，和田老師爲他帶來的改變。

「我想對自己更有自信，我想變得更厲害。」山崎大暗暗思忖著。明天就是課程的最後一天了。

第五天

表達高手的晉升之路

最後一章要介紹的是進階技巧——如何讓你說的話具有可信度和眞實感。

只要將這一章所教的內容學習上手，就能在一開口立刻抓住對方的心，讓對方聽得點頭如搗蒜。

問題
21

收件者：和田老師

主　旨：

如何吸引他人的注意？

和田老師，早安。今天是最後一天了。一早起來，心裡充滿不捨。我會趁著今天把我想問事的都盡量寫下來。請老師多多指教。

今天想請教的是，如何才能讓大家側耳親聽？我常覺得無論商品的說明再怎麼出色，別人既不會聽，也不會看。

請教教我，要用什麼方法，才能吸引住別人的注意力？

方法21

準備十個吃苦或失敗的經驗

阿大同學，早安。

無論好壞，今天都是最後一天了。但革命尚未成功，我們仍須一起努力。

看週刊或藝人的談話節目時，你有什麼感想？

你會不會覺得「八卦還眞多」？還有不少人會想說：「那是別人私事，管那麼多幹嘛！」即使如此，放眼所及仍不乏這一類的報導，這是因爲這樣才有銷售量、有收視率。換句話說，大衆對於這種事總是看得津津有味。

人對於他人的私事，總是會在能力所及內，給予最高度的關注。這是人類的天性。

透過了解對方，才能分辨對方是敵是友，會不會危害到自己所處的環境。

我們要善加利用這項天性。**當一個人揭露自己的私事時，對方就會感到自**

己深入了解了這個人，心想「這些他不會告訴別人的事，只會告訴我。」

這個方式只要上手後，你就能透過說話，牢牢抓住對方的注意力。

你有沒有私藏話題？

讓我來教你如何做。我想在求職找工作時，你應該準備過一些能表現出自己個性的個人經歷吧？

就按照相同的方式，從你出生至今的人生中，找出八段經歷寫下來，包括學校生活、與父母的關係、最大的失敗經驗、最大的成功經驗、準備大考過程、戀愛經驗、興趣、旅遊等，找出自己人生中的轉機，寫成你的故事。

這過程中，你會**整理歸納出自己是怎樣的人，不僅如此，寫出的故事還能當成隨時讓對方了解自己的利器**。

另外，再多準備兩個故事，分別是一個月內發生的事和今天的小插曲。

全部加起來就是十個故事，隨時帶在身邊，如此一來，與人交談時就不愁沒話題了。而且，對方一定會因爲「這個人肯對我說他自己的過去」而感到開心。所以建議你一定要準備這十個關於自己的私藏話題。

利用談論過去的經驗，來建立信賴關係，這種做法並非只適用於個人身上。NHK曾有個節目，叫做「Project X」，是一個紀錄片節目，專門記錄企業裡的人在開發商品時，所遇到的種種失敗與困難。

這個節目的製作方式，也是透過描寫一群人在製造一項商品的背後，經歷了多少辛酸與論辯，使大衆對商品產生興趣與共鳴。

你所負責的優格，在開發上一定也經歷過許多困難。一定經歷過一次又一次的挑戰、挫折與論辯。而且不會只有一個人，背後有研發者，有行銷人，有第一線的業務，更有做出販賣決策的老闆。

你要去採訪這些人的故事。試著在講稿中加入這些商品的「研發秘辛」，這項商品一定會因此而得到更多人的共鳴。

人都喜歡聽吃苦的經驗。克服失敗與挫折的故事，能激勵人心。相反地，只講成功的故事、走運的經驗或自吹自擂，只會遭來嫉妒和吃醋，沒人愛聽。

要訪問誰，才能說出更多人共鳴的故事？關於這部分，你就找阪田小姐好好討論一下吧。現在輪到你親身實踐囉。

point

人會對其他人不知道的小故事興味盎然。

問題 22

收件者：和田老師

主　旨：

請教教我如何使用數字，才能提高可信度！

老師！謝謝您教的準備小故事。我和版田小姐已經立刻開始著手挑選對象，找出哪些人能告訴我們「研發秘辛」。

請讓我緊接著提出下一個問題，對於身爲理組人的我來說，這實在難以啓齒的痛點。我想請教老師數據和數字的使用方式。我覺得數字一定要給得正確，但周圍的人老是對我說：「數字給得太細了，無法吸收。」「突然拿一堆數據出來，我也不知道怎麼解讀。」

請問，數字和數據該如何使用比較好？

方法
22

多用能令人發出驚呼的數字

你能考上我們M大農學院，對數字和數據的使用，絕對比一般人強。可是啊，來吃這個優格的人，數學並非都像你這麼強。

除非是說出來會讓人吃驚，否則最好少用數據。詳實而正確的數據，只要整理歸納做爲佐證（根據和證據）即可。

不過，怎樣的數學才是簡單易懂的數學？關於此點，我在大學是用問路的回答方式來說明。當一個初來乍到的人問路時，以下哪一種回答方式比較簡單易懂？

・從便利商店旁邊的路，一直向前直直走就到了。

・從便利商店旁邊的路，向前走大約三十公尺就到了。

答案應該顯而易見吧？

「今天熱得要命」和「今天的氣溫超過四十度了」，當然是後者比較好懂。

日常會話中常用的有點遠、熱得要命等形容詞，會依個人感受而不同，使用簡單易懂的數學是爲了讓傳達更精準。

簡單易懂的數學①就是**「不會被轉成模稜兩可的形容詞的數字」**。小學的數學應用題正是沒有曖昧形容詞的文章，可以找出來讀讀看。

簡單易懂的數學②則是**「令人發出驚呼的數字」**。

例如，針對一九二六到一九八九年間和一九八九到二〇一九年間就讀小學的兒童，調查他們分別最討厭哪些食物，你猜結果如何？

前者的結果是：第一名芹菜（一三．六％），第二名肝臟（一三．〇％），第三名納豆（一二．九％）。

至於後者的結果則是：第一名苦瓜（二八．三％），第二名芹菜（一四．七％），第三名青椒（一二．〇％）。

應該可以看出，一九八九到二〇一九年間就讀小學的學生討厭的食物，特別集中在苦瓜。（摘自二〇一八年一月一日「GURUNAVI網路雜誌」）

聽到這類距離我們很近，又出乎意料的數字，就會令人發出驚呼。

讓我們來看看關於優格的數據。

二〇一八年九月十一日，日本厚生勞動省公布的數據顯示，二十至二十九歲中，有三〇・六%的男性及二三・六%的女性，早餐不吃或者只吃零食、水果（摘自〈平成二十九年國民健康與營養調查結果之概要〉）。

看到這個數據，你應該會想說：「哇！那我們的優格，應該可以賣給二十幾歲的人當早餐。」決定該不該使用數字和數據時，要以大家會不會發出驚呼爲標準。

還有一點要記住的是，不要倚賴數字。

當你說「N個東京巨蛋的大小」「N個檸檬的維他命C含量」時，大部分的人恐怕都不知道東京巨蛋有多大、一個檸檬含有多少維他命C。

與其像這樣用精確的數據打比方，還不如直接說「非常大」「含大量維他命C」。**當你找到的比喻無法使衆人產生共鳴時，那就不妨試著製作成圖形或圖表。**

使用數字時，訴諸視覺比訴諸聽覺，更能使人信服。
阿大同學，你是理組人，這個你應該很擅長吧？拿出自信來試試看吧。

point

不會令人驚呼的數字，就少用。

問題
23

收件者：和田老師

主　旨：
如何才能讓自己說的話充滿真實感？

感謝老師的指導，我現在知道何時該用數據了。得不到共鳴的比喻，不如簡單明瞭的圖表，做圖表我比較在行。

現在分秒必爭，請讓我接著問下個問題。我寫了很多講稿給周圍的人看，但他們都說「沒有眞實感」或「聽不到用戶的聲音」等。

請問老師，要用什麼方法，才能讓寫出來的文章充滿眞實感？

方法23

帶筆記本走上街頭

沒錯，你提出了一個很好的問題。

當你打算購買某樣東西時，你拿什麼當做參考？

你應該會上網看「網路評論」或實際使用者的「推薦文」吧？因爲赤裸裸地寫在上面的是，使用過的人才知道的使用感受和問題點。在網路普及之前，我們只有透過朋友或熟人，才能獲得曾經使用或食用者的意見。

但現在可就不同了。許多人會上網找評論來看。網友的評論，會左右市場行銷，發揮超越廣告文案的效果。

因爲那是一般人依自己的想法寫下的語言，所以具有眞實感。我想，你周圍的人口中說的眞實感，指的就是這個。

換言之，他們想說的是，你的文章中缺乏消費者的實際感受。

稍微岔個題，日本有部經典漫畫《凡爾賽玫瑰》，我公司裡有名女性，看這部漫畫已經幾十年，爲它流過幾百回淚。

我覺得很不可思議，就問她：「這部漫畫到底好在哪裡？」而她是這麼說的：「一百年後，奧斯卡・法蘭索瓦・德・傑爾吉會成爲記載在歷史書上的眞實人物。」

換言之，她想告訴我的是，奧斯卡雖然只是池田理代子創作出的虛構人物，但是當世界上有這麼多小孩，一邊流淚一邊看著她的故事時，她遲早會被當成一個眞實存在過的人物；而《凡爾賽玫瑰》就是一部這麼偉大的作品。

這是只有眞心熱愛這部漫畫的人，才說得出的句子。這句話太令人讚嘆，簡直應該放在漫畫的書腰上。

令人讚嘆的金句其實滿街都是

讓文章具有眞實感的方法，就是豎起耳朵去聽別人講的話。

到養老院來訪的家人，臨走之際說了一句：「傷心但又溫馨。」

高中女學生在電車裡說：「我愛聽悲傷的歌，聽起來好悠閒。」

上班族在小酒吧裡邊笑邊說：「啊！肥胖和缺錢是同一種病哪。」

這些金句滿街都聽得到，只要努力去收集這些句子，一定能讓你的語言具有眞實感。

現在把話題拉回工作上。

新商品優格也一樣，先讓大家試吃，再豎起耳朵聽他們的感想，連最初的驚嘆聲是「啊」還是「哦」，都不能漏聽。

「啊」的反應是覺得出乎意料，「哦」的反應則是覺得在預期之內。

「帶有古早味」「一開始沒有味道」「像甜點」「適合大人的味道」……

這每一句話都是爲你的語句賦予眞實感的材料。

人在眞實狀況下說出口的語句才眞實、才夠靈活生動，我稱之爲「活體語」。

無論在開會或簡報的場合中，使用「活體語」說話的人，都特別具有說服力。

平日收集「活體語」，能增強你在商場上的表達能力。

阿大同學，你也試試看吧。

point

靈活生動的「活體語」能引發共鳴。

作者解說⑨ 多做筆記，整理筆記

語言十分神奇，事情並非說得越簡潔就越好。當你說得簡潔時，就算聽眾當場都能理解，卻往往無法留下較深的記憶。

你應該也有過這樣的經驗，學生時代上課時，老師的閒聊比教課有趣，而且多年後仍記憶猶新。

為自己平日的語言增加多樣性，就類似於老師上課的閒聊。雖然有點離題，但在話題中加入變異性、加入不同的味道，能讓人留下深刻記憶。關於這個部分，和田老師傳授給阿大的智慧有三：

1 從經驗中篩選出十個小故事，並隨時準備在身邊。

2 有效使用數字，設法使其在腦中留下精確的記憶。

3 聆聽、吸收他人的對話，讓自己說出來的話具有真實感。

「哦！原來背後有這樣的故事啊。」

「哇！竟然有這樣的數據。」

「啊！大家都在說這樣的話呢。」

經驗、數學、街頭語言，利用這三者使對方產生情緒波動，藉此打動對方，這就是和田老師的用意。

要能確實執行這些方法，就必須經常做筆記；要讓筆記內容得到有效的使用，就必須整理筆記。

我在學生身上發現，現在用智慧手機做筆記的人非常多。第一次看到來問問題的學生，拿出智慧手機按個不停的時候，我驚訝不已。用智慧手機做筆記，當然沒有什麼不對。只不過，用手寫筆記，遠比用手機作筆記，能留下深刻的記憶。

我胸前的口袋裡，放了一本有皮套的A7大小記事本。因為是扣環式的活頁筆記本，所以也能更換成名片大小的紙張。我會在那上面寫下有趣的數字、他人的發言或資訊、電視雜誌上的有趣話題，或備忘事項。此外，我還會在上面寫著自我肯定的「宣言」，隨時帶在身上。

語言的多樣性，需要腳踏實地的努力來累積。自己覺得有趣而寫下的話題，雖然看似聊天打屁，卻能讓對方留下長久記憶。

問題 24

收件者：和田老師

主　旨：

如何用開場白擄獲人心？

和田老師，謝謝您的教誨。剩下的時間不多，我和版田小姐鎖定了一個非問不可的問題想請教你，是關於開場白的問題。

無論在開會或在商務談判時，開場白有沒有抓住聽眾的心，這點十分重要。

因此，想請問老師，在一開場就抓住人心的訣竅是什麼？我們希望也能藉此增添內容的說服力。

方法24

趁早上收集當天的熱門話題

阿大同學、阪田小姐，這眞是個好問題。讓我來告訴你們，有個東西和小故事、數字一樣，能讓你的話語更添說服力，而且也可當做破冰，那就是應景話題。

你們可曾想過，爲何人們總是以天氣的相關話題做爲聊天的開場白？這是因爲我們想透過彼此共通的應景話題——天氣，來起個話頭。

「白天變得越來越長了呢。」

「是啊，聽說今天郊區的花都開了。」

乍看之下是毫無意義的閒話家常，但**人們自古以來，就喜歡透過分享大自然的變化，來取得默契。因此，天氣是最典型的應景話題。**

還有其他應景話題。比方說，假設昨天的世界盃足球賽中，我們國家隊在最後逆轉勝，這個話題當然就能當做「破冰」。

「拜世足賽所賜，我昨天晚上熬夜沒睡。」當你一邊抓著頭，一邊向對方這麼自白時，你們已經取得共通默契了。

今天是怎樣的一天？

不僅在廣告業界，只要是稱得上專業級的業務，其實都會拚了命地利用早晨時間，收集當天可用來破冰的應景話題。

報紙的頭版、網路的頭條新聞自然不在話下，甚至從談話節目到車廂廣告，無一不看，從中找出能當做破冰的話題。包括股市、經濟動向、政治事件、天災人禍；又或運動界、娛樂圈、熱門的食材及店家。總之，只要是新的話題，來者不拒。

「我對那個領域不擅長……」如果用這種說法逃避，那你就無法成爲專業的溝通者。我也經常把自己的好惡擺在一旁，收看藝人的談話節目。

因此，我對當下熱門的食材及養生術知之甚詳喔。因爲我常常拿這些話題來當做破冰。

不止這些，應景話題還多得不勝枚舉。

阿大同學，你應該知道古代曆法的二十四節氣和月令七十二候吧？拿智慧手機一查，就能知道二月十八日是立春的最後一天，隔天起就會進入雨水。從下雪的季節進入下雨的季節。我們可以用「雨水」一詞，來表達春意越來越濃厚。

順便再用手機看一下「當天出生的人」吧。

出生在二月十八日這一天的人，有日本戰國時代的戰神上杉謙信和日裔美籍藝術家小野洋子。如果有人說「今天是我生日」，你就可以迅速地補上一句：「好厲害，跟上杉謙信同一天呢！」這就是抓住人心的說話術、增添說服力的方法。

某間超級市場裡員工休息室的門上，每天都會貼一張紙，上面寫著「今天是×××」。

天候、國定假日當然不用說，連附近小學運動會等的周邊消息，也會寫在上面。我曾親眼看到有人把自己想到的資訊，逐一寫在那張紙上，當場令我感動不已。

店員會走出店外，高聲地說：「今天已經連續三天都是熱帶夜（譯注：夜晚溫度最低都在二十五度以上的日子）了！買一些肉回去煮給爸媽吃吧！」（譯注：日本人認為吃肉可以維持體力，避免中暑）

我不禁想說：「哈哈，這家店的生意一定很好。」

阿大同學、版田小姐，對你們來說，收集「應景資訊」應該不難吧。每天持之以恆，就能讓說服力不斷提升。現在輪到你們親身實踐囉。

point

「話題」就在你的半徑一公尺以內。

問題
25

收件者：和田老師

主　旨：

要如何結尾，才能讓人回味無窮？

和田老師，這是最後一個問題了。說好的五天的課程，就要畫下句點了。真的非常感謝老師。這五天是我畢生難忘的寶藏。

我的最後一個問題是，如果我想在本次活動結束之際，讓到大家感到開心，覺得餘韻無窮，那麼有哪些事情是我該注意的？懇請老師不吝指導。一想到快結束了，真讓我難過不捨。

方法 25

說五倍的謝謝

阿大同學，快要凌晨十二點了。能一路走到這一刻，你表現得很棒，我也要謝謝你。到此爲止，我教過的訣竅共有二十四項，這是最後一項了。

除了「謝謝」以外，你還會說多少表達感謝的話語？

感恩、感謝你、誠惶誠恐、承蒙厚愛、由衷感激、感激不盡……可使用在商場上的感謝詞，不勝枚舉。

爲什麼表達謝意的說法這麼多呢？因爲我們有必要大量使用。**無論在商場與否，只要希望人際關係圓融，就必須用各式各樣的感謝詞表達謝意。**

大可不必絞盡腦汁地去想什麼艱澀深奧的話語。不過，要提醒自己在日常對話中增加使用「謝謝」「託你的福」的次數，增至五倍左右剛剛好。

會議中，隔壁的人將資料傳來時，就要說謝謝。

廠商或顧客對你的報告提出疑問時，也要回答：「謝謝你的提問。」盡量表達你的謝意，讓謝謝成爲你一天之中說得最多的一句話。沒人會因爲受他人感激而覺得不愉快。謝謝說得再多，也不會讓你遭到厭惡。**能讓對方在一瞬間得到情緒緩和，態度轉爲積極的咒語，就是「謝謝」**。

如果你想讓大家在這次活動中感到開心，覺得餘韻無窮的話，就要讓董事長演講，乃至司儀、承辦人等發言者，多多表達感謝之意。這麼一來，就能使全場氣氛變得融洽。

這個方法可用在任何商務場合上。

例如，前一天你和廠商吃飯，隔天早上，對方一進公司，打開電子郵件時，就看到你寄來的感謝信。這是能幹的商務人士絕對奉行的法則。而且，要寄的不只有謝意而已，還要具體寫出飯局中有趣的場面、獲益良多的話語等，再加上你自己在行動上做出的變化，像是「我也要立刻去讀你推薦的書」「我也會多多注意我的身體健康」。

養成習慣在會面結束後，火速打下包含感謝、具體、行動三者的感謝函，

寄給對方。

無論何種工作、何種場面，都要表達感謝，這是透過語言，讓對方心情愉悅的終極秘技。

現在換我對阿大同學表達謝意了。你這五天來的努力，眞的很了不起，我由衷感謝。

五天前，你還在問「該從何處下手？請老師教我這個最基礎的問題」，然後，你非常虛心地將我的方法一一化爲行動，雖然中間也說過喪氣話，但最後你竟能開始思考如何讓大家感到開心、如何餘韻無窮。原本自顧不暇，只能想到自己的你，如今可以想到要讓他人開心。

是的，這正是關鍵。

唯有當我們使用語言的出發點是爲了他人的時候，才會眞正培養出懂得修辭、理出條理、講得清楚的能力。

山崎大同學，你已經成功到達這個境界了。不用擔心，即使沒有我，你也能做得很好了。謝謝你這五天來的努力。恭喜，你畢業了。

祝福你的人生充滿喜悅！

point

成功的關鍵詞，是「爲了他人」。

作者解說⑩ 天天實踐，養成習慣

和田老師的電子郵件課程，到此已畫下句點。

最後一天，和田老師教了小故事活用法、數字與數據使用法、賦予話語真實感的訣竅，來增進語言說服力；此外，還有如何利用應景資訊抓住人心，以及提醒感謝的重要性，為對方帶來滿足的喜悅。

這五天，和田老師總共教了二十五項訣竅。

第一天是以三十秒說出十個名稱、禁用形容詞、實況報導等大腦訓練法為主，讓生鏽的大腦能夠想出詞彙。第二天則提出換個腦袋思考、一個主張＋三個理由、建立假說等方法，從想出詞彙進入到思考的訓練。第三天提出五個為什麼、黑格爾的辯證法、倒序推演法等方法，又從思考進化到先聯想再整理歸納的鍛鍊法。第四天提出二十五個字法則、用動詞促發行動、用「的」對主題進行特寫等修辭上的鍛鍊，藉此傳達想法。最後一天則是小故事、數字、應景資訊的使用法等說話術，藉此讓言語更添說服力。

只要積極地重複這二十五種訓練，就一定能培養出即思即說的能力。

可以的話，請你像山崎大一樣，在每天的日常生活中，實踐這二十五項練習。空閒的時間，不妨翻翻本書，提醒自己可以挑其中一、兩項有興趣的方法來實踐，養成一有空就挑戰的習慣。

有一天，你會發現自己在社群網站上的貼文、與家人朋友的對話、開會或商談時的發言、企畫書和報告書中的文章、你的著眼點、聯想方式、修辭技巧等，都會變得簡單易懂、有親和力又有說服力。

距離商品發表的記者會，只剩一週了。在上完和田老師的課程後，山崎大和版田小姐會如何一邊解決問題，一邊進行準備呢？讓我們來看看故事的後續。

story3

活動登場，向前衝吧！

葛原食品在萬全的準備下，推出了新商品「優格比特」。

決定這個名稱時，山崎大也在場，並和行銷部門及廣告公司一同思考。過去總是一副事不關己的他，這次竟然**事先爲名稱想好了三十三個提案**，讓衆人大吃一驚。

不只是數量上驚人，他還提出了若將這個商品想成是藝人，應該是誰的假設，**敦促大家將商品擬人化**。

因此，大家逐漸看出了一個會吃「優格比特」的典型家庭形象。接著，廣告公司提議：「我們來爲一個理想的比特家庭，設計人物角色吧。」這項提議獲得全場一致贊同。

而版田小姐一直從旁對相關者**反覆詢問五個爲什麼**，例如：「爲什麼是在老字號的本土四星飯店發表，而不是選外資飯店？」

剛開始，團隊成員被她窮追不捨的問題問到心浮氣躁，但後來一個接一個地將雙臂交叉在胸前，開始仔細認眞地思考。

「在這裡舉辦時，會有什麼樣的負面影響？」**畫在白板上的三角形，是用來解釋黑格爾的辯證法。**

她在三角形的右邊逐一寫下各種負面影響，像是傳統感會不會太強烈等，並對每個提供意見的人一一說「謝謝」。說到有點沙啞的嗓音，十分打動人心。

連葛原食品的董事長，都開始實踐起了和田老師的教誨。

「關於優格，你有沒有什麼個人經驗？」面對版田小姐這樣的詢問，董事長搔著頭說：「小時候，我經常拉肚子。家母擔心我，每天都讓我吃葛原的優格，其實這也是我進入這家企業的契機。」版田

不但一直詢問到超過限制時間，還成功問到董事長孩提時代的故事。

另外，「比特家庭」由當紅藝人組成，因此要讓他們全體集合，極爲困難。其中又有不少特立獨行的人。

爲了讓他們在大批記者面前扮演理想的家庭，版田拜託飾演父親的男演員**說話時用「我們」當主詞**。當男演員滿面笑容地說著我們家人如何如何時，其他飾演家人的演員彷彿都受其感召，不用三十分鐘，他們就營造出了如同眞正家人般的氛圍。

山崎大連在生活上都有了改變。過去他從不看八卦性的談話節目，現在他會邊看，還邊做筆記。搭電車時，既會觀看車廂裡張貼的廣告，也會聽周圍的對話，以收集應景話題，而且對任何小事他都會說謝謝。

過去他經常被說：老是心不在焉、不知道在想些什麼。所以爲了雪恥，**他現在會要求自己，多去說明自己的行動**，向工作人員解釋說：「我現在這麼做是因爲……」

在描述事情時，他盡量不再用好吃、漂亮、有趣等形容詞。因此，他必須豎起視、聽、嗅、味、觸五感的每條神經，誠實地描述自己身體上的感受，像是「光是看著都能感到悠閒」或「吞嚥時很滑順，咬起來又很有嚼勁」等。

「把記者們想成本土老字號飯店的客人。」

阪田小姐以「想成是○○」來建立假說。「如果把他們看成是下榻於本土老字號飯店的客人，而非單純來採訪的記者的話，或許用飯店的碟子來提供優格，會更有渲染力，這樣也能帶給他們尊榮感。」她提出了這樣的意見，並進一步和飯店進行交涉。

「希望能好好款待記者們」「希望讓所有記者都品嘗」「希望能把飯店的待客之道，放入這次的發表會中」。阪田不斷換用各種動詞，簡潔地傳達主旨，飯店方聽了也慨然允諾。此外，她也用「我們」當主詞，讓飯店相關人員積極投身於這項活動。

山崎大賣力寫著最後的演講稿，名為「比特菌」的獨家乳酸菌，以及與其相關的數字——這些才是公司最想強調的部分，然而這些內容無法引來非專門人士的驚呼，因此他極力減少相關數字與數據的羅列，並整理成一份參考資料，另外附上。

他提醒自己不能只用自己的腦袋，也要用研究者的腦袋、記者的腦袋、董事長的腦袋、比特家庭的腦袋思考，更重要的是，要用品嘗優格的顧客腦袋思考，才不會寫出一廂情願的演講稿。

演講稿在記者會召開的三天前，得到出井總經理的批准。終於趕在最後一刻過關。

記者會當天，山崎大穿上了一件全新的襯衫。因為阪田小姐對他說：「最後要注意的是儀容和保持微笑。」

阪田小姐穿著一套深藍色的西裝，和一件胸前做了特殊設計的白襯衫。她

神態自若地在記者席的桌上排放著資料。每份資料之間，都保持著完美的等距。資料中包含著山崎大嘔心瀝血寫出的商品介紹。

下午一點，從對講機傳來比特家庭成員已走出休息室的消息。董事長站在講台中央，向大家一鞠躬。記者們的閃光燈亮起的同時，「優格比特」的商品發表會也揭開了序幕。

盛大而成功的發表會

今日感謝各位百忙之中，前來參加我們葛原食品的新商品「優格比特」的發表會。我是董事長音羽祥晃，請各位多多指教。

我們今天要發表的新產品是「優格比特」，爲了讓各位嘉賓們品嘗，我們已經事先端上桌了。現在就先請各位品嘗看看。

（飯店工作人員爲記者送上「優格比特」）

感謝各位工作人員的協助。各位覺得如何？

研發「優格比特」之際，我曾向研發成員提出了一項要求，就是保留葛原食品的古早味。

這是有原因的，事情可以追溯至三十五年前，我之所以會進入葛原食品，是因爲從小我就深深愛著我們長久以來所熟悉的「葛原優格」。

不瞞各位，小時候我經常腹瀉。只要稍微著涼或壓力大，就會拉肚子。家母擔心我，所以每天早上給我吃「葛原優格」。我覺得好好吃，好幸運，而且我的身體也變得健康了。

這個習慣，我一直持續至今。這不過是我個人的經驗而已，但當我詢問周遭時，沒想到有許多人和我一樣，從小就熱愛著本公司的優格，眞是感激涕零。這是我們必須努力守護的寶貴資產。

託各位的福，我們葛原食品成立以來，在這長達一百二十年間，一直深受大家的喜愛。我由衷感恩。

新商品「優格比特」是以古早味爲基礎，延續過去對「大眾的健康」和「大眾喜愛的好味道」的追求。我們保留了牛奶風味在口中散開的高級感，並降低了酸味，讓優格留下醇厚的餘韻。這種濃厚卻又爽口的口感，各位是否也感受到了？

不僅如此，「優格比特」更與E大醫學所共同研究，結合了具有整腸效果的「比菲德氏菌1155」，以及提高人類原有免疫力的「比特菌422」，再搭配鐵質，因此本產品具有整腸、降低體脂肪、預防花粉症與感冒，乃至減輕癌症風險之功效，使得這項商品能對大眾平日的疾病預防提供不少幫助。

我們想像出各式各樣的情景，例如一位高中女生早上快遲到了，便匆匆忙忙地吃完「優格比特」，奔向學校；一位苗條美麗的女性，在繁忙的工作中，一邊盯著電腦畫面，一邊吃著「優格比特」；一位因連續出席宴會而疲倦不已的父親，醉醺醺地回到家中，從冰箱中拿出「優格比特」來吃；一群銀髮族在養護中心的餐廳裡，吃著「優格比特」度過悠閒時光；一名準備國中考試的男孩，一邊吃「優格比特」，一邊與數學奮戰。

這些形形色色的人，分別在不同的場合，吃著「優格比特」，以降低他們的罹病風險，同時也因此變得更美麗、更健康。

我們一邊心繫這些過著各種不同生活的人，一邊製作出這個更符合「美味」與「健康」的優格。

希望能讓更多人說：「這是吃過最好吃的。」

希望能聽更多人說：「好想天天吃。」

爲了這兩項目標而努力的同時，我們也以高水準保持營養成分均衡。

我們可以很有自信地說，我們「葛原食品」所追求的食品理想樣貌，就在這個「優格比特」上實現了。

爲了讓我們的「優格比特」，今後能得到大眾的青睞，今天也邀請了「比特家庭」的成員前來現場。「比特家庭」和我們葛原食品，將會同心協力展開今後各式各樣的活動。

以上是我的致詞。感謝今天各位百忙之中撥冗前來，請讓我致上我由衷的謝意。謝謝各位。

現場再度閃耀起一片鎂光燈。

山崎大望向版田小姐，大大地吸了一口氣，露出了自豪的表情。

她的臉龐也在閃光燈下閃爍著。此刻，她眼角浮現的淚光，看起來熠熠生輝。

花絮

這些方法適用於告白嗎？

老師，久未連絡，近來可好？

新商品「優格比特」的發表會圓滿落幕了。託老師的福，一切進行順利。目前還沒有詳細調查，但現場歡聲雷動，看樣子結果應該超乎預期。

這些全部都要歸功於您。才短短五天，您就給了我二十五項建議。老實說，一開始我還半信半疑。但隨著接受的課程次數越多，我發現自己也變得越來越投入。當時還在擔心想不出詞彙，恐懼著他人的目光，做得很痛苦、很想放棄，又看不見人生的目標，如今回想起來，恍如隔世。

現在，一搭上公車，我就會在腦中實況報導；一走進餐廳，我就會思考如何形容好吃，而不用到形容詞；遇到害怕的上司、工作人員，我就會用「我們」來說話；甚至發表會的慶功宴上，我還爲鋪貨店鋪的名單，提出了三十三項提案，並且利用辯證法，爲選定的店鋪思考如何克服弱點。這瘋狂投入的五天，不單單爲我的工作，甚至爲我的生活、我的人生，帶來翻天覆地的變化。

但是，老師，我還有一件事想向您求助。老實說，雖然我已向您學了這麼多東西，但我還是擠不出一字半句，因爲我的腦筋一片空白。

我用了五個「爲什麼」反覆問自己：「爲什麼說不出口？」結果找不出答案。想用「動詞」攀談，讓對方也採取行動，卻提不起勇氣，甚至害羞到連「我們」兩個字都說不出口。我試圖把自己的心情寫成「二十五個字」，想來想去卻只想得出「我好喜歡妳」而已。我也想過要跟對方聊我的兒時故事，但又害羞得要命……結果，到了緊要關頭，老師教過的方式，我一個也用不出來。

老師，這真的是我的最後一個問題了。我想向版田小姐告白，說出我對她的愛意，我該如何使用老師教過的那些方式？我該如何即思即說出我的心意？請老師教教我該如何做。再這樣下去，我都快要無心工作了。我已經連續好幾天夜不成眠了。和田老師，請您一定要幫幫我！

山崎大　敬上

〈後記〉

社群網站時代不能忘記的事

我從進入公司的那年冬天開始，在一間以媒體業爲目標的「早稻田媒體塾」對學生們進行演講。當時，我只是對小我一屆的學弟妹提供建議，告訴他們「面試時最好注意哪些地方」。

至今已過三十五年，但每年我都仍會回去與學生見面，尤其是七年前我在明治大學任教後，開始有不少學生會來拜訪我。

因爲我身爲一個廣告人，同時又是執教的老師，所以每當我跟學生見面時，都會看他們身上的一些特點，像是「只要把那種說法改成這樣，就能受到肯定」「只要把履歷表的這個部分強調一下，就更能看出你的爲人」等，也就是看到那些只要再修改一點點，就能帶來戲劇性變化的地方。

光是教他們這些小地方，就能讓原本沒有自信的學生，發言時變得不一樣。

從履歷表的文字上，也能看出他們覺得「我是值得肯定的」。

原本沒一間企業要的學生，忽然被多家公司採用，反而變成來問我該選哪間公司，令我感到十分欣慰。爲了複製這些愉快的經驗，我也開始不斷琢磨說寫的技巧。

實際上，我的每個學生幾乎都對自己缺乏自信。不是太沉默，就是太聒噪。不好好聽別人問的問題，腦袋中無法保存貼切的詞彙，不懂如何將語言先用理智冰鎮，再用情感加溫後，才說出口。

雖說如此，如果花點時間仔細聆聽，將他們不成熟的或未消化的語言重新組合起來，就會發現他們其實擁有著新鮮的聯想力，以及柔軟的心靈。

然而，與過去的人比起來，他們需要無比漫長的時間，才能發揮出那些能力。我想原因可能是，現在年輕人的對話，大半都發生在社群網站上。尤其這五、六年來，越來越多學生不擅長於想出修辭、理出條理、講得清楚，甚至到了令人懷疑彼此講的不是同一種語言的地步。

那些學生現在剛好是進入公司第二、三年。山崎大正是他們的典型例子。

這裡所寫的二十五種方法，來自這三十五年來，我與學生之間的對話。最早的成員，如今已在公司升上了肩負重任的職位，或是成了考生的母親。其中有許多一直對我的著作熱情支持，他們會提出意見，像是「希望能寫以前在媒體塾學到的那些內容」，也會給予嚴格的批評，像是「這次多虧書籍的裝訂，替這本書保住了顏面」「這應該不是你眞正想寫的書」等。

沒錯，我反而成了受讀者們指導的學生了。

這本書是誕生自老師與學生之間的這些美好關係。

一九八一年至一九八四年，當時有一個非常受歡迎的電視節目，叫做《機智問答趣味講座》。我曾爲該節目擔任兼職的問答題的作者。

主持人是播報員鈴木健二，大家將他視爲「教授」，對他十分景仰。

當我接到這次的出版提案時，就立刻想起了「教授」。

當年剛邁入二十幾歲的我，正煩惱著今後的人生該何去何從，那時我最常閱讀的書就是鈴木健二的《男人二十多歲該做的事》，這本書是我年輕時期的聖經。

雖然我既沒資格也沒實力說「報恩」，但我還是懷著這樣的心情，花了一個半月的時間，如同鈴木教授上身般地寫下了這本書。

首先，我要感謝造就了今日的我的鈴木健二先生。我之所以能進入媒體界，並在大學教書，都要歸功於你的人生之道啓發了我。

另外，我還要感謝在四十年前的週日晚間，盯著電視上的《機智問答趣味講座》，一題一題地給予「這個問題出得眞好」「這一題的解釋聽不太懂」等回饋，針對每一題提出誠實意見、八十七歲的家母，妳才是我人生中眞正的「教授」。

最後，我最要感謝的是閱讀本書的你。

衷心祝福今後的每個日子裡，你都能用屬於自己、最生動活潑的語言，打動更多的人。也希望你的語言能成爲推動人與社會大幅向前的原動力。

當你有不懂的問題時，請像山崎大一樣，大喊：「老師請幫幫我！」

屆時，我一定會帶著切中要害的建言，來到你面前。

Hikita Yoshiaki

Eurasian Publishing Group 圓神出版事業機構 用心與你對話・視野無限寬廣

方智出版社 Fine Press

www.booklife.com.tw reader@mail.eurasian.com.tw

第一本 102

就算腦子一片空白，也能說出花來：5天學會即思即說力

作　　者／Hikita Yoshiaki
譯　　者／李瑷祺
發 行 人／簡志忠
出 版 者／方智出版社股份有限公司
地　　址／台北市南京東路四段50號6樓之1
電　　話／（02）2579-6600・2579-8800・2570-3939
傳　　真／（02）2579-0338・2577-3220・2570-3636
總 編 輯／陳秋月
副總編輯／賴良珠
責任編輯／賴良珠
校　　對／林雅萩・賴良珠
美術編輯／林韋伶・簡　瑄
行銷企畫／陳禹伶・詹怡慧
印務統籌／劉鳳剛・高榮祥
監　　印／高榮祥
排　　版／陳采淇
經 銷 商／叩應股份有限公司
郵撥帳號／18707239
法律顧問／圓神出版事業機構法律顧問　蕭雄淋律師
印　　刷／祥峰印刷廠

2020年5月　初版

定價290元　ISBN 978-986-137-294-5

現代人的生活充滿緊張與忙碌，情緒常常轉換爲焦慮，甚至恐慌。斯多噶哲學以最清晰的方式，透過充滿智慧的語言，解釋與化解人生所遭遇的一切困難。

——《求善：臺大哲學教授的斯多噶哲學講堂》

國家圖書館出版品預行編目資料

就算腦子一片空白，也能說出花來：5天學會即思即說力／
Hikita Yoshiaki 著；李璦祺 譯. -- 初版. -- 臺北市：究竟，2020.05
208面；14.8×20.8公分. --（第一本；102）
ISBN 978-986-137-294-5（平裝）

1.說話藝術 2.溝通技巧 3.人際傳播

192.32　　109003409